윤석열

명연설문

BEST

편집부

편집부는 2022년 5월 10일부터 2024년 12월 14일까지 윤석열 대통령의 자유 민주주의 명연설을 엮었다. 연설문 중에서 존경하고 사랑하는 국민과 750만 재외동포, 그리고 자유를 사랑하는 세계 시민에게 보내는 메시지를 선별하였다.

윤석열 명연설문 BEST

초판 발행 2025년 4월 9일

디자인 김PD
펴낸이 이일로
펴낸곳 도서출판 라이프하우스
등록일 2009년 2월 24일
대표 전화 0505)369-3877 / 팩스 02)6442-3877
이메일 : mimi3402@naver.com
가격 6,600원

이 책에 실린 모든 디자인, 이미지, 편집 구성의 저작권은 도서출판라이프하우스에 있습니다. 허락 없이 복제하거나 다른 매체에 옮겨 실을 수 없습니다.

ISBN 979-11-87271-21-5   03340

윤석열 명연설문

BEST

도서출판 라이프하우스

NO

언젠가 해야하고
누군가 해야한다면
지금 제가하겠습니다

- 대한민국 대통령 윤석열 -

차 례

- 윤석열 명연설문 BEST

제1부 윤석열 대통령 탄핵 심리

현직 대통령에 불법 체포영장 집행되던 긴급 상황　8
국민께 드리는 말씀　10
긴급 대국민 특별 담화　27

제2부 명연설 베스트

국민께 드리는 말씀 (2024년 11월 7일)　32
국가인공지능(AI)위원회 출범식 및 1차회의　42
2024 파리패럴림픽 선수단 격려 오찬 격려사　48
회암사 사리 이운 기념 문화축제 및 삼대화상 다례재 축사　54
제3차 민주주의 정상회의 세션2　57
2024년 윤석열 대통령 신년사　62
제79주년 광복절 경축식 대통령 경축사　74
법무부·공정거래위원회·법제처 업무보고　88
한미동맹 70주년 기념 미국 상·하원 합동회의 연설　90
전군 주요지휘관 회의　110

제28회 국무회의　112

제3부 명연설 일부 발췌 모음집

신한울 1·2호기 종합준공 및 신한울 3·4호기 착공식 축사　116
제 1회 북한 이탈 주민의 날 기념식 연설 중 일부　117
제79주년 경찰의 날 기념식 축사　119
제67회 현충일 추념식　121
2022 대한민국 고졸 인재 채용 엑스포 개막식　123
제20대 대통령 취임식　124
2022 국가재정전략회의　126

- 특별부록

윤석열 대통령 연설문집 전자책 무료 제공안내　128

1

윤석열 대통령 탄핵 심리

현직 대통령에 불법 체포영장 집행되던 긴급 상황

국민께 드리는 말씀

존경하는 국민 여러분, 그동안 잘 계셨습니까?

저를 응원하고 많은 지지를 보내주신 거에 대해서 정말 감사의 말씀을 드립니다.

안타깝게도 이 나라에는 법이 모두 무너졌습니다.

수사권이 없는 기관에 영장이 발부되고, 또 영장 심사권이 없는 법원이 체포영장과 압수수색 영장을 발부하는 것을 보면서, 그리고 수사 기관이 거짓 공문서를 발부해서 국민들을 기만하는 이런 불법의 불법의 불법이 자행되고 무효인 영장에 의해서 절차를 강압적으로 진행하는 것을 보고 정말 개탄스럽지 않을 수 없습니다.

저는 이렇게 불이익을 당하더라도 우리 국민 여러분들께서 앞으로 이러한 형사 사건을 겪게 될 때 이런 일이 정말 없었으면 좋겠습니다.

저는 오늘 이들이 경호 보안구역을 소방 장비를 동원해서 침입해 들어오는 것을 보고 불미스러운 유혈사태를 막기 위해서 일단 불법 수사이기는 하지만 공수처 출석에 응하기로 했습니다.

그러나 제가 이 공수처의 수사를 인정하는 것은 아닙니다. 대한민국의 헌법과 법체계를 수호해야 하는 대통령으로서 이렇게 불법적이고 무효인 이런 절차에 응하는 것은 이것을 인정하는 것이 아니라 불미스러운 유혈사태를 막기 위한 마음일 뿐입니다.

국민 여러분께서 그동안, 특히 우리 청년들이 자유민주주의의 소중함을 정말 재인식하게 되고 여기에 대한 열정을 보여주시는 것을 보고, 저는 지금은 법이 무너지고 칠흑같이 어두운 시절이지만 이 나라의 미래는 희망적이라는 생각을 갖게 됐습니다.

국민 여러분, 아무쪼록 건강하시고 힘내시기 바랍니다. 감사합니다.

2025년 1월 15일

국민께 드리는 말씀 (2024년 12월 12일)

저는 오늘, 비상계엄에 관한 입장을 밝히기 위해 이 자리에 섰습니다. 지금 야당은 비상계엄 선포가 내란죄에 해당한다며, 광란의 칼춤을 추고 있습니다.

정말 그렇습니까?

과연 지금 대한민국에서 국정 마비와 국헌 문란을 벌이고 있는 세력이 누구입니까?

지난 2년 반 동안 거대 야당은, 국민이 뽑은 대통령을 인정하지 않고 끌어내리기 위해, 퇴진과 탄핵 선동을 멈추지 않았습니다.

대선 결과를 승복하지 않은 것입니다. 대선 이후부터 현재까지 무려 178회에 달하는 대통령 퇴진, 탄핵 집회가 임기 초부터 열렸습니다.

대통령의 국정운영을 마비시키기 위해 우리 정부 출범 이후부터 지금까지 수십 명의 정부 공직자 탄핵을 추진했습니다.

 탄핵된 공직자들은 아무 잘못이 없어도 소추부터 판결 선고 시까지 장기간 직무가 정지됩니다. 탄핵이 발의되고 소추가 이루어지기 전, 많은 공직자들이 자진 사퇴하기도 하였습니다. 탄핵 남발로 국정을 마비시켜 온 것입니다. 장관, 방통위원장 등을 비롯하여 자신들의 비위를 조사한 감사원장과 검사들을 탄핵하고, 판사들을 겁박하는 지경에 이르렀습니다.

 자신들의 비위를 덮기 위한 방탄 탄핵이고, 공직기강과 법질서를 완전히 무너뜨리는 것입니다. 뿐만 아니라 위헌적 특검 법안을 27번이나 발의하면서 정치 선동 공세를 가해왔습니다.

 급기야는 범죄자가 스스로 자기에게 면죄부를 주는 셀프 방탄 입법까지 밀어붙이고 있습니다. 거대 야당이 지배하는 국회가 자유민주주의의 기반이 아니라 자유민주주의 헌정 질서를 파괴하는 괴물이 된 것입니다.

 이것이 국정 마비요, 국가 위기 상황이 아니면 무엇

이란 말입니까?

 이것뿐만이 아닙니다. 지금 거대 야당은 국가 안보와 사회 안전까지 위협하고 있습니다.

 예를 들어, 지난 6월 중국인 3명이 드론을 띄워 부산에 정박 중이던 미국 항공모함을 촬영하다 적발된 사건이 있었습니다.

 이들의 스마트폰과 노트북에서는 최소 2년 이상 한국의 군사시설들을 촬영한 사진들이 발견되었습니다. 지난달에는 40대 중국인이 드론으로 국정원을 촬영하다 붙잡혔습니다. 이 사람은 중국에서 입국하자마자 곧장 국정원으로 가서 이 같은 일을 벌인 것으로 확인됐습니다. 하지만, 현행 법률로는 외국인의 간첩행위를 간첩죄로 처벌할 길이 없습니다.

 이러한 상황을 막기 위해 형법의 간첩죄 조항을 수정하려 했지만, 거대 야당이 완강히 가로막고 있습니다. 지난 정권 당시 국정원의 대공수사권을 박탈한 것도 모자라서, 국가보안법 폐지도 시도하고 있습니다.

 국가안보를 위협하는 간첩을 잡지 말라는 것 아닙

니까?

북한의 불법적인 핵무장과 미사일 위협 도발에도, GPS 교란과 오물풍선에도, 민주노총 간첩 사건에도, 거대 야당은 이에 동조할 뿐 아니라, 오히려 북한 편을 들면서 이에 대응하기 위해 고군분투하는 정부를 흠집내기만 했습니다. 북한의 불법 핵 개발에 따른 UN 대북 제재도 먼저 풀어야 한다고 주장합니다.

도대체 어느 나라 정당이고, 어느 나라 국회인지 알 수가 없습니다. 검찰과 경찰의 내년도 특경비, 특활비 예산은 아예 0원으로 깎았습니다.

금융 사기 사건, 사회적 약자 대상 범죄, 마약 수사 등 민생 침해 사건 수사, 그리고 대공 수사에 쓰이는 긴요한 예산입니다. 마약, 딥페이크 범죄 대응 예산까지도 대폭 삭감했습니다. 자신들을 향한 수사 방해를 넘어, 마약 수사, 조폭 수사와 같은 민생사범 수사까지 가로막는 것입니다. 대한민국을 간첩 천국, 마약 소굴, 조폭 나라로 만들겠다는 것 아닙니까?

이런 사람들이야말로 나라를 망치려는 반국가세력

아닙니까?

그래놓고 자신들의 특권을 유지하기 위한 국회 예산은 오히려 늘렸습니다. 경제도 위기 비상 상황입니다. 거대 야당은 대한민국의 성장 동력까지 꺼트리려고 하고 있습니다.

민주당이 삭감한 내년 예산 내역을 보면 잘 알 수 있습니다. 원전 생태계 지원 예산을 삭감하고, 체코 원전 수출 지원 예산은 무려 90%를 깎아 버렸습니다. 차세대 원전 개발 관련 예산은 거의 전액을 삭감했습니다. 기초과학 연구, 양자, 반도체, 바이오 등 미래 성장 동력 예산도 대폭 삭감했습니다. 동해 가스전 시추 예산, 이른바 대왕고래 사업 예산도 사실상 전액 삭감했습니다. 청년 일자리 지원 사업, 취약계층 아동 자산 형성 지원 사업, 아이들 돌봄 수당까지 손을 댔습니다. 산업 생태계 조성을 위한 혁신성장펀드, 강소기업 육성 예산도 삭감했습니다. 재해 대책 예비비는 무려 1조 원을 삭감하고, 팬데믹 대비를 위한 백신 개발과 관련 R&D 예산도 깎았습니다.

이처럼 지금 대한민국은 거대 야당의 의회 독재와 폭거로 국정이 마비되고 사회 질서가 교란되어, 행정과 사법의 정상적인 수행이 불가능한 상황입니다.

국민 여러분, 여기까지는 국민 여러분께서도 많이 아시고 계실 것입니다.

하지만, 제가 비상계엄이라는 엄중한 결단을 내리기까지, 그동안 직접 차마 밝히지 못했던 더 심각한 일들이 많이 있습니다.

작년 하반기 선거관리위원회를 비롯한 헌법기관들과 정부 기관에 대해 북한의 해킹 공격이 있었습니다. 국가정보원이 이를 발견하고 정보 유출과 전산시스템 안전성을 점검하고자 했습니다. 다른 모든 기관들은 자신들의 참관 하에 국정원이 점검하는 것에 동의하여 시스템 점검이 진행되었습니다. 그러나 선거관리위원회는 헌법기관임을 내세우며 완강히 거부하였습니다.

그러다가 선관위의 대규모 채용 부정 사건이 터져 감사와 수사를 받게 되자 국정원의 점검을 받겠다고 한발 물러섰습니다.

그렇지만 전체 시스템 장비의 아주 일부분만 점검에 응하였고, 나머지는 불응했습니다. 시스템 장비 일부분만 점검했지만 상황은 심각했습니다. 국정원 직원이 해커로서 해킹을 시도하자 얼마든지 데이터 조작이 가능하였고 방화벽도 사실상 없는 것이나 마찬가지였습니다.

비밀번호도 아주 단순하여 '12345' 같은 식이었습니다. 시스템 보안 관리 회사도 아주 작은 규모의 전문성이 매우 부족한 회사였습니다.

저는 당시 대통령으로서 국정원의 보고를 받고 충격에 빠졌습니다. 민주주의 핵심인 선거를 관리하는 전산 시스템이 이렇게 엉터리인데, 어떻게 국민들이 선거 결과를 신뢰할 수 있겠습니까?

선관위도 국정원의 보안 점검 과정에 입회하여 지켜보았지만, 자신들이 직접 데이터를 조작한 일이 없다는 변명만 되풀이할 뿐이었습니다.

선관위는 헌법기관이고, 사법부 관계자들이 위원으로 있어 영장에 의한 압수수색이나 강제수사가 사실상 불가능합니다. 스스로 협조하지 않으면 진상 규명이 불가능합니다.

지난 24년 4월 총선을 앞두고도 문제 있는 부분에 대한 개선을 요구했지만, 제대로 개선되었는지는 알 수 없습니다. 그래서 저는 이번에 국방장관에게 선관위 전산 시스템을 점검하도록 지시한 것입니다.

최근 거대 야당 민주당이 자신들의 비리를 수사하고 감사하는 서울중앙지검장과 검사들, 헌법기관인 감사원장을 탄핵하겠다고 하였을 때, 저는 이제 더 이상은 그냥 지켜볼 수만 없다고 판단했습니다.

뭐라도 해야 되겠다고 생각했습니다. 이들은 이제 곧 사법부에도 탄핵의 칼을 들이댈 것이 분명했습니다. 저는 비상계엄령 발동을 생각하게 되었습니다. 거대 야당이 헌법상 권한을 남용하여 위헌적 조치들을 계속 반복했지만, 저는 헌법의 틀 내에서 대통령의 권한을 행사하기로 했습니다.

현재의 망국적 국정 마비 상황을 사회 교란으로 인한 행정 사법의 국가 기능 붕괴 상태로 판단하여 계엄

령을 발동하되, 그 목적은 국민들에게 거대 야당의 반국가적 패악을 알려 이를 멈추도록 경고하는 것이었습니다.

그럼으로써 자유민주주의 헌정 질서의 붕괴를 막고, 국가 기능을 정상화하고자 하였습니다.

사실 12월 4일 계엄 해제 이후 민주당에서 감사원장과 서울중앙지검장 등에 대한 탄핵안을 보류하겠다고 하여 짧은 시간의 계엄을 통한 메시지가 일정 부분 효과가 있었다고 생각했습니다. 그러나 이틀 후 보류하겠다던 탄핵소추를 그냥 해 버렸습니다.

비상계엄의 명분을 없애겠다는 뜻이었습니다. 애당초 저는 국방장관에게, 과거의 계엄과는 달리 계엄의 형식을 빌려 작금의 위기 상황을 국민들께 알리고 호소하는 비상조치를 하겠다고 했습니다. 그래서 질서 유지에 필요한 소수의 병력만 투입하고, 실무장은 하지 말고, 국회의 계엄 해제 의결이 있으면 바로 병력을 철수시킬 것이라고 했습니다.

실제로 국회의 계엄 해제 의결이 있자 국방부 청사

에 있던 국방장관을 제 사무실로 오게 하여 즉각적인 병력 철수를 지시하였습니다.

제가 대통령으로서 발령한 이번 비상조치는 대한민국의 헌정 질서와 국헌을 망가뜨리려는 것이 아니라, 국민들에게 망국의 위기 상황을 알려드려 헌정 질서와 국헌을 지키고 회복하기 위한 것입니다.

소규모이지만 병력을 국회에 투입한 이유도 거대 야당의 망국적 행태를 상징적으로 알리고, 계엄 선포 방송을 본 국회 관계자와 시민들이 대거 몰릴 것을 대비하여 질서 유지를 하기 위한 것이지, 국회를 해산시키거나 기능을 마비시키려는 것이 아님은 자명합니다.

300명 미만의 실무장하지 않은 병력으로 그 넓디넓은 국회 공간을 상당 기간 장악할 수 없는 것입니다.

과거와 같은 계엄을 하려면 수만 명의 병력이 필요하고, 광범위한 사전 논의와 준비가 필요하지만, 저는 국방장관에게 계엄령 발령 담화 방송으로 국민들께 알린 이후에 병력을 이동시키라고 지시했습니다.

그래서 10시 30분 담화 방송을 하고 병력 투입도 11시 30분에서 12시 조금 넘어서 이루어졌으며, 1시 조금 넘어 국회의 계엄 해제 결의가 있자 즉각 군 철수를 지시하였습니다. 결국 병력이 투입된 시간은 한두 시간 정도에 불과합니다.

만일 국회 기능을 마비시키려 했다면, 평일이 아닌 주말을 기해서 계엄을 발동했을 것입니다. 국회 건물에 대한 단전, 단수 조치부터 취했을 것이고, 방송 송출도 제한했을 것입니다. 그러나 그 어느 것도 하지 않았습니다. 국회에서 정상적으로 심의가 이루어졌고, 방송을 통해 온 국민이 국회 상황을 지켜보았습니다.

자유민주 헌정질서를 회복하고 수호하기 위해 국민들께 망국적 상황을 호소하는 불가피한 비상조치를 했지만, 사상자가 발생하지 않도록 안전사고 방지에 만전을 기하도록 하였고, 사병이 아닌 부사관 이상 정예 병력만 이동시키도록 한 것입니다.

저는 이번 비상계엄을 준비하면서 오로지 국방장관하고만 논의하였고, 대통령실과 내각 일부 인사에게 선포 직전 국무회의에서 알렸습니다. 각자의 담당 업무 관점에서 우려되는 반대 의견 개진도 많았습니다.

저는 국정 전반을 보는 대통령의 입장에서 현 상황에서 이런 조치가 불가피하다고 설명했습니다.

군 관계자들은 모두 대통령의 비상계엄 발표 이후 병력 이동 지시를 따른 것이니만큼, 이들에게는 전혀 잘못이 없습니다.

그리고 분명히 말씀드리지만, 저는 국회 관계자의 국회 출입을 막지 않도록 하였고, 그래서 국회의원과 엄청나게 많은 인파가 국회 마당과 본관, 본회의장으로 들어갔고 계엄 해제 안건 심의도 진행된 것입니다. 그런데도 어떻게든 내란죄를 만들어 대통령을 끌어내리기 위해 수많은 허위 선동을 만들어내고 있습니다.

도대체 2시간짜리 내란이라는 것이 있습니까?

질서 유지를 위해 소수의 병력을 잠시 투입한 것이 폭동이란 말입니까?

거대 야당이 거짓 선동으로 탄핵을 서두르는 이유가

무엇이겠습니까?

단 하나입니다.

거대 야당 대표의 유죄 선고가 임박하자, 대통령의 탄핵을 통해 이를 회피하고 조기 대선을 치르려는 것입니다. 국가 시스템을 무너뜨려서라도, 자신의 범죄를 덮고 국정을 장악하려는 것입니다.

이야말로 국헌 문란 행위 아닙니까?

저를 탄핵하든, 수사하든 저는 이에 당당히 맞설 것입니다. 저는 이번 계엄 선포와 관련해서 법적, 정치적 책임 문제를 회피하지 않겠다고 이미 말씀드린 바 있습니다. 저는 대통령 취임 이후 지금까지 단 한순간도 개인적인 인기나 대통령 임기, 자리 보전에 연연해 온 적이 없습니다.

자리 보전 생각만 있었다면, 국헌 문란 세력과 구태여 맞서 싸울 일도 없었고 이번과 같이 비상계엄을 선포하는 일은 더더욱 없었을 것입니다.

5년 임기 자리 지키기에만 매달려 국가와 국민을 외면할 수 없었습니다. 저를 뽑아주신 국민의 뜻을 저버

릴 수 없었습니다.

하루가 멀다 하고 다수의 힘으로 입법 폭거를 일삼고 오로지 방탄에만 혈안되어 있는 거대 야당의 의회 독재에 맞서, 대한민국의 자유민주주의와 헌정 질서를 지키려 했던 것입니다.

그 길밖에 없다고 판단해서 내린 대통령의 헌법적 결단이자 통치행위가 어떻게 내란이 될 수 있습니까?

대통령의 비상계엄 선포권 행사는 사면권 행사, 외교권 행사와 같은 사법심사의 대상이 되지 않는 통치행위입니다.

국민 여러분, 지금 야당은 저를 중범죄자로 몰면서, 당장 대통령직에서 끌어내리려 하고 있습니다. 만일 망국적 국헌 문란 세력이 이 나라를 지배한다면 어떤 일이 벌어지겠습니까?

위헌적인 법률, 셀프 면죄부 법률, 경제 폭망 법률들이 국회를 무차별 통과해서 이 나라를 완전히 부술 것입니다. 원전 산업, 반도체 산업을 비롯한 미래 성장동력은 고사될 것이고, 태양광 시설들이 전국의 삼림을 파괴할 것입니다. 우리 안보와 경제의 기반인 한미동맹, 한미일 공조는 또다시 무너질 것입니다.

북한은 핵과 미사일을 고도화하여 우리의 삶을 더 심각하게 위협할 것입니다.

그러면 이 나라, 대한민국의 미래가 어떻게 되겠습니까? 간첩이 활개 치고, 마약이 미래세대를 망가뜨리고, 조폭이 설치는, 그런 나라가 되지 않겠습니까?

지금껏 국정 마비와 국헌 문란을 주도한 세력과 범죄자 집단이 국정을 장악하고, 대한민국의 미래를 위협하는 일만큼은 어떤 일이 있어도 막아야 합니다.

저는 끝까지 싸울 것입니다.

국민 여러분, 국정 마비의 망국적 비상 상황에서 나라를 지키기 위해, 국정을 정상화하기 위해, 대통령의 법적 권한으로 행사한 비상계엄 조치는, 대통령의 고도의 정치적 판단이고, 오로지 국회의 해제 요구만으로 통제할 수 있는 것입니다. 이것이 사법부의 판례와 헌법학계의 다수 의견임을 많은 분들이 알고 있습니다.

저는 국회의 해제 요구를 즉각 수용하였습니다. 계엄 발령 요건에 관해 다른 생각을 가지고 계신 분들도 있습니다만, 나라를 살리려는 비상조치를 나라를 망치려는 내란 행위로 보는 것은, 여러 헌법학자와 법률가들이 지적하는 바와 같이 우리 헌법과 법체계를 심각한 위험에 빠뜨리는 것입니다.

저는 묻고 싶습니다.

지금 여기저기서 광란의 칼춤을 추는 사람들은 나라가 이 상태에 오기까지 어디서 도대체 무얼 했습니까? 대한민국의 상황이 위태롭고 위기에 놓여 있다는 생각도 전혀 하지 않았다는 말입니까?

공직자들에게 당부합니다.

엄중한 안보 상황과 글로벌 경제위기에서 국민의 안전과 민생을 지키는 일에 흔들림 없이 매진해 주시기 바랍니다.

국민 여러분, 지난 2년 반, 저는 오로지 국민만 바라보며, 자유민주주의를 지키고 재건하기 위해 불의와 부정, 민주주의를 가장한 폭거에 맞서 싸웠습니다.

피와 땀으로 지켜온 대한민국,
우리의 자유민주주의를 지키는 길에
모두 하나가 되어주시길
간곡한 마음으로 호소드립니다.
저는 마지막 순간까지
국민 여러분과 함께 싸우겠습니다.
짧은 시간이지만 이번 계엄으로 놀라고
불안하셨을 국민 여러분께 다시 한번 사과드립니다.

국민 여러분에 대한 저의 뜨거운 충정만큼은 믿어주십시오.
감사합니다.

긴급 대국민 특별 담화 (2024년 12월 3일)

존경하는 국민 여러분, 저는 대통령으로서 피를 토하는 심정으로 국민 여러분께 호소드립니다.

지금까지 국회는 우리 정부 출범 이후 22건의 정부 관료 탄핵 소추를 발의하였으며, 지난 6월 22대 국회 출범 이후에도 10명째 탄핵을 추진 중에 있습니다.

이것은 세계 어느 나라에도 유례가 없을 뿐 아니라 우리나라 건국 이후에 전혀 유례가 없던 상황입니다.

판사를 겁박하고 다수의 검사를 탄핵하는 등 사법 업무를 마비시키고, 행안부 장관 탄핵, 방통위원장 탄핵, 감사원장 탄핵, 국방 장관 탄핵 시도 등으로 행정부마저 마비시키고 있습니다.

국가 예산 처리도 국가 본질 기능과 마약범죄 단속, 민생 치안 유지를 위한 모든 주요 예산을 전액 삭감하여 국가 본질 기능을 훼손하고 대한민국을 마약 천국, 민생 치안 공황 상태로 만들었습니다.

민주당은 내년도 예산에서 재해대책 예비비 1조원,

아이 돌봄 지원 수당 384억원, 청년 일자리, 심해 가스전 개발 사업 등 4조1천억 원을 삭감하였습니다.

심지어 군 초급간부 봉급과 수당 인상, 당직 근무비 인상 등 군 간부 처우 개선비조차 제동을 걸었습니다. 이러한 예산 폭거는 한마디로 대한민국 국가 재정을 농락하는 것입니다.

예산까지도 오로지 정쟁의 수단으로 이용하는 이러한 민주당의 입법 독재는 예산 탄핵까지도 서슴지 않았습니다. 국정은 마비되고 국민들의 한숨은 늘어나고 있습니다. 이는 자유대한민국의 헌정질서를 짓밟고, 헌법과 법에 의해 세워진 정당한 국가기관을 교란시키는 것으로써, 내란을 획책하는 명백한 반국가 행위입니다. 국민의 삶은 안중에도 없고 오로지 탄핵과 특검, 야당 대표의 방탄으로 국정이 마비 상태에 있습니다.

지금 우리 국회는 범죄자 집단의 소굴이 되었고, 입법 독재를 통해 국가의 사법·행정 시스템을 마비시키고, 자유민주주의 체제의 전복을 기도하고 있습니다.

자유민주주의의 기반이 되어야 할 국회가 자유민주

주의 체제를 붕괴시키는 괴물이 된 것입니다.

지금 대한민국은 당장 무너져도 이상하지 않을 정도의 풍전등화의 운명에 처해 있습니다.

친애하는 국민 여러분,

저는 북한 공산 세력의 위협으로부터 자유 대한민국을 수호하고 우리 국민의 자유와 행복을 약탈하고 있는 파렴치한 종북 반국가 세력들을 일거에 척결하고 자유 헌정질서를 지키기 위해 비상계엄을 선포합니다.

저는 이 비상계엄을 통해 망국의 나락으로 떨어지고 있는 자유 대한민국을 재건하고 지켜낼 것입니다.

이를 위해 저는 지금까지 패악질을 일삼은 망국의 원흉 반국가 세력을 반드시 척결하겠습니다. 이는 체제 전복을 노리는 반국가 세력의 준동으로부터 국민의 자유와 안전, 그리고 국가 지속 가능성을 보장하며, 미래 세대에게 제대로 된 나라를 물려주기 위한 불가피한 조치입니다.

저는 가능한 한 빠른 시간 내에 반국가 세력을 척결하고 국가를 정상화 시키겠습니다.

계엄 선포로 인해 자유대한민국 헌법 가치를 믿고 따라주신 선량한 국민들께 다소의 불편이 있겠습니다마는, 이러한 불편을 최소화하는 데 주력할 것입니다.

이와 같은 조치는 자유대한민국의 영속성을 위해 부득이한 것이며, 대한민국이 국제사회에서 책임과 기여를 다한다는 대외 정책 기조에는 아무런 변함이 없습니다.

대통령으로서 국민 여러분께 간곡히 호소드립니다.

저는 오로지 국민 여러분만 믿고 신명을 바쳐 자유대한민국을 지켜낼 것입니다.

저를 믿어주십시오.

2

명연설 베스트

국민께 드리는 말씀 (2024년 11월 7일)

얼마 전까지 더위가 계속되더니, 이제 아침저녁으로 꽤 쌀쌀해졌습니다. 겨울 채비에 국민 여러분들 어려움이 없으신지 걱정입니다.

대통령이라는 자리는 늘 걱정이 많은 자리입니다. 더울 때는 더워서 걱정이고, 추우면 또 추위가 걱정입니다. 경기가 나쁘면 장사하시는 분들 또 장사가 안 될까 걱정이고, 또 경기가 조금 나아진다 싶으면 물가가 또 올라서 많은 분들 지갑이 상대적으로 가벼워질까 그게 또 걱정입니다.

365일 24시간 노심초사하시면서, 국민들도 열심히 일하시고 힘드시지만 저 역시도 365일 24시간 정말 국민의 삶을 챙기는 것이 대통령의 어깨에 놓인 책무라는 생각이 듭니다.

그렇지만 몸이 부서져라 일을 해도 어쨌든 국가와 국민의 민생을 위해서 일을 한다는 그 보람에 힘든지 모르고 늘 행복한 마음으로 지금까지, 임기 반환점까지 왔습니다.

돌이켜보면 지난 2년 반 동안, 국민께서 맡기신 일을 어떻게든 잘 해내기 위해서 쉬지 않고 달려왔습니다. 국민들 보시기에는 부족함이 많았을 것입니다.

그렇지만 저의 진심은 늘 국민 옆에 있었습니다.

또 저의 노력과는 별개로 국민들께 걱정을 끼쳐드린 일도 많았다고 생각합니다.

민생을 위해, 대한민국의 미래를 위해 시작한 일들이 국민 여러분께 불편을 드리기도 하였고, 또 제 주변의 일로 국민들께 걱정과 염려를 드리기도 했습니다. 대통령이라는 것은 변명하는 자리가 아닙니다.

모든 것이 제 불찰이고, 제 부덕의 소치입니다.

국민 여러분께 먼저 죄송하다는 말씀,

진심 어린 사과의 말씀부터 드리고,

그리고 이 국정 브리핑을 진행하겠습니다.

앞으로도 챙기고 또 살펴서, 국민 여러분께 불편과 걱정을 드리는 일이 없도록 최선을 다하겠습니다.

국민 여러분, 오늘 이 자리에 오니, 대통령에 취임했을 때가 떠오릅니다.

나라 상황이 매우 힘든 것은 알고 있었습니다마는, 막상 취임을 하고 보니, 모든 여건이 생각했던 것보다 훨씬 더 어려웠습니다.

팬데믹의 여파는 아직 끝나지 않고 지속되고 있었고, 이러한 가운데 러시아가 우크라이나를 침공했습니다.

글로벌 공급망 교란으로 원유, 식량, 원자재 가격들이 치솟았고, 고금리, 고물가, 고환율이 지속됐습니다. 당시에 거시지표를 보면 2008년 글로벌 금융위기보다 더 혹독한 글로벌 복합위기 상황이었습니다. 다른 거시지표도 훨씬 어려웠지만, 그래도 2008년에는 중국의 경제성장률이 9.7%, 10% 가까이 됐기 때문에 對중 수출이라든가, 이런 측면에서는 어려움이 없었습니다.

그러나 저희가 정부를 인수했을 때는 중국의 경제성장률도 많이 하락해서 바로 이러한 데에도 문제가 있었기 때문에 2008년보다 상황이 훨씬 심각했습니다.

국민들의 어려운 삶을 보면서 정말 마음이 아프고 이걸 어떻게든지 빨리 타개하려고 최선을, 정부 관계자들과 함께 정말 최선을 다했습니다.

이런 분들도 있었습니다. 우리 국무위원 중에는 경제에 정통하신 분인데, 이거 자칫하다가 나라 망한다, 정말 정신 똑바로 차려야 된다, 그런 얘기들을 국무회의에서도 많이 했습니다.

과연 정부가 이 총체적 난국을 헤쳐 나갈 수 있을지, 절박한 심정이었고, 밤잠을 설친 날이 많았습니다.

하나하나 잘못된 점을 바로잡으면서 위기 극복에 온 힘을 쏟았습니다. 우리 경제를 다시 일으켜서, 국민 여러분의 삶을 조금이라도 나아지게 만들겠다는, 단 하나의 생각뿐이었습니다. 이제 경제가 기지개를 켜고 있습니다.

올해 수출이 사상 최고치를 경신하고, 경상수지 흑자도 700억 달러를 넘어설 것으로 전망됩니다.

올해 경제성장률도 잠재성장률 2%를 상회할 전망입

니다. 내년 3월, 24조 원 규모의 체코 원전 건설 사업 계약이 마무리되면, 원전 산업을 비롯한 우리 산업 전반에도 더 큰 활력이 불어넣어질 것입니다.

하여튼, 이 어려운 가운데에서도 지난 2년 반 동안 아무쪼록 열심히 뛰어주신 국민 여러분께 정말 깊이 감사드립니다.

존경하는 국민 여러분, 이제 임기 후반에 접어들게 됩니다.

저는 2027년 5월 9일, 제 임기를 마치는 그날까지, 모든 힘을 쏟아 일을 하겠습니다. 그리고 늘 초심으로 돌아가서, 매사를 다시 시작하는 마음으로 하겠습니다. 무엇보다, 남은 2년 반은 민생의 변화를 최우선에 둘 것입니다.

그동안은 잘못된 어떤 경제기조, 국정기조들을 정상화시키는데에 주력을 했다면, 그리고 그때그때 거시지표를 중심으로 위기관리에 중점을 뒀다면, 남은 2년 반은 민생의 변화, 국민들께서 이러한 기조 변화에 따른 어떤 혜택을 더 체감할 수 있게, 그런 실질적인 변화에 역량을 집중시키겠다는 말씀입니다.

물가와 주택시장을 더욱 안정시켜서 일단 가장 근본적인 생계비 부담을 줄이겠습니다. 그린벨트 해제, 또 재건축 활성화 등을 통해서 국민이 원하는 곳에 더 많은 주택을 공급하겠습니다.

소상공인, 자영업자들을 위한 금융 지원과 재기 지원 프로그램도 맞춤형으로 더 확대하겠습니다. 무엇보다 청년들이 마음껏 꿈을 펼칠 수 있도록, 장학금도 확대하고 일자리도 늘리겠습니다.

우리 정부의 복지는 퍼퓰리즘 복지가 아니고, 정치복지가 아니라 약자복지입니다. 약자복지를 지속적으로 더 확대하고, 노인과 장애인을 위한 서비스 복지의 수혜 대상도 지속적으로 늘려 나가겠습니다. 또 서민들과 취약계층, 사회적 약자의 삶을 파괴하는 범죄에는 무관용으로 강력 대응하고, 국민의 일상을 안전하게 지키겠습니다.

새롭게 들어설 워싱턴의 신 행정부와 완벽한 한미안보태세를 구축해서, 우리의 자유와 평화를 튼튼하게 지킬 것입니다.

 한미 동맹의 안보, 경제, 첨단 기술 협력을 더욱 고도화해서, 우리 청년과 기업이 뛸 수 있는 세계 운동장을 더 넓히겠습니다. 그리고 우리 경제의 역동성을 높이는 데에도 박차를 가하겠습니다.

 반도체 산업을 비롯해서 AI, 첨단 바이오, 퀀텀 등 신성장 동력을 계속 적극 발굴하고 육성해서 정책 지원도 더욱 강화하고 우리 미래를 위한 준비에 내실을 기하겠습니다. 원전 생태계의 완전한 복원도 계속 적극 추진할 것입니다.

 국민 여러분, 연금, 의료, 노동, 교육 개혁과 인구 위기를 극복하는 저출생을 위한 개혁, 즉, 4+1 개혁은 민생과 직결된 것입니다. 또 우리의 미래를 지키는 것입니다.

 과잉 경쟁이 해소되어야 됩니다. 불필요한 경쟁이라고 하는 것은 우리의 어떤 총 후생(사람들의 생활을 넉넉하게)을 증가시키기 위해서 필요하고 유효한 범위 내에서 이루어져야 하는 것인데, 불필요한 과잉 경쟁은 우리 경제 사회에 독이 됩니다. 그리고 이러한 과잉 경쟁은 또 수도권 집중화를 초래합니다. 과잉 행정을 해소하고 살기 좋은 지방 시대를 열어서, 인구 위기의 근본적인 해결책을 찾아 나가겠습니다.

의료개혁은, 국민들께서 걱정하지 않으시도록, 차분하고 꼼꼼하게 추진해 나가겠습니다.

연금개혁은, 단일 개혁안을 정말 오랜만에 우리 정부 들어서 국회에 제출을 했습니다. 작년에는 무려 5천6백 쪽 규모의 가장 방대한 여론조사 FGI 수리분석을 통해서 국회가 결정할 수 있는 단계로 만들어서 보냈고, 이번 22대에 들어와서는 우리가 아예 국회의 논의 시간을 더 단축시키기 위해서 정부 단일 개혁안을 보내드렸기 때문에 조속한 논의가 이루어져서 개혁안이 정말 사회적 대합의를 거쳐서 조속히 마무리되기를 기대합니다.

노동개혁은, 법치 확립의 토대 위에서, 유연하고 활력 있는 노동시장을 만들겠습니다. 교육개혁은 이제 본궤도에 올랐습니다. 늘봄학교를 계획대로 확대하고, 융합형 미래 인재 양성을 위한 새로운 교육의 틀을 세우겠습니다.

이건 모두 우리의 경제성장을 위한 구조적인 개혁입니다. 여론과 민심에 귀를 기울여 국민의 불편을 최소화하고, 차질 없이 개혁을 완수할 수 있도록 개혁 정책을 더 세심하게 챙기겠습니다.

존경하는 국민 여러분, 저와 정부의 부족했던 부분을 잘 알고 있습니다. 고칠 부분은 고치겠습니다. 국민 여러분의 뜻은 겸허히 받들어서 국민을 섬기는 마음으로 쇄신에 쇄신을 기해 나갈 것입니다. 당정 소통도 강화하고 국민을 위해 일하는 유능한 정부, 유능한 정당이 되도록 하겠습니다.

지금 우리는 대내외의 거센 도전 앞에 서 있습니다. 잘해 나가면 이 위기가 얼마든지 우리 발전의 기회로 바뀔 수 있습니다.

소모적 갈등으로 시간 낭비할 수가 없습니다.

민생과 미래를 위해서 하는 것보다 더 중요한 일은 없다고 생각합니다. 지적할 부분은 지적하더라도, 민생과 미래를 위한 일만큼은 모두 힘을 모아 주시기를 부탁드립니다.

우리가 서로 진영이 다르고 생각이 다를 수 있지만 우리의 자녀들에게 좋은 미래를 선사해야 되는 것은 우리 모두의 공통의 과제 아니겠습니까?

저도 국민 모두의 마음을 모으기 위해 제 마음가짐부터 다시 돌아보면서, 더 소통하고 더 노력하겠습니다. 국민 여러분께서 민생의 변화를 체감하고 더 나은 미래를 꿈꿀 수 있도록 저와 우리 정부는 최선을 다하겠습니다.

감사합니다.

국가인공지능(AI)위원회 출범식 및 1차회의 모두 발언 (2024년 9월 26일)

염재호 부위원장님과 위원 여러분, 여러 가지로 바쁘신데도 불구하고 국가 AI 위원회에 이렇게 참여해 주셔서 정말 감사드립니다.

지금 우리는 AI가 인간의 삶을 송두리째 바꾸는 문명사적 대전환을 경험하고 있습니다. 경제, 산업, 안보, 문화를 비롯한 사회 전반에 AI가 놀라운 변화를 일으키는 중입니다. 그리고 전 세계가 이러한 변화를 보며 기대와 두려움이 교차하는 상황입니다. 이러한 변화를 앞에서 선도하느냐 뒤에서 따라가느냐에 따라서 나라의 미래와 운명이 갈리게 될 것입니다.

저는 오늘 국민 여러분께 대한민국이 AI 분야에서 세계 3대 강국으로 도약한다는 원대한 비전과 함께 이를 이루어 나가기 위한 국가 총력전을 선포합니다.

저는 취임 이후 우리의 AI 역량을 극대화하기 위해 많은 노력을 기울여 왔습니다. 제프리 힌튼, 앤드류 응

교수 등 국내외 인공지능 석학들을 만났고, 지난 4월에는 대통령 직속으로 국가인공지능위원회를 설치해서 AI 국가전략을 대통령실에서 직접 챙기겠다고 말씀드린 바 있습니다. 그 이후 충실한 준비를 거쳐서 오늘 국가인공지능위원회가 출범하게 됐습니다.

국가인공지능위원회는 범국가적 혁신 역량을 하나로 모으는 민관 협력의 구심점입니다. 나라의 미래 명운이 걸린 AI 전환을 선두에서 이끌며 우리나라를 AI 3대 강국으로 도약시키는 견인차가 될 것입니다. 앞으로 염재호 부위원장님을 비롯한 위원 여러분과 함께 대한민국 AI 산업의 새로운 미래를 열기 위해 최선을 다하겠습니다.

지금 회의가 열리고 있는 이곳은 8년 전 이세돌 9단과 인공지능 알파고가 세기의 대국을 펼쳤던 곳입니다. 알파고는 인간이 생각하지 못한 바둑의 수를 잇따라 보여주며 전 세계인들에게 인공지능 시대의 시작을 알렸습니다. 그로부터 8년이 지난 지금 AI는 눈부신 속도로 발전해서 이제 명실상부한 게임 체인저가 됐습니다. 전 세계 어디에서 국가 정상들을 만나도 소위 3대 게임 체인저로서 AI, 첨단 생명공학, 첨단 바이오, 그리고 퀀텀 이 세 가지를 들고 있고요. 그중에서도 가장 핵심적인 게임 체인저로 AI를 다 꼽고 있습니다. 국가끼리 그야말로 총력전으로 치열한 경쟁이 지금 진행되고 있습니다.

AI는 그 자체로서도 산업 가치가 엄청납니다만 중요한 기반 기술로서 산업 전반에 막대한 전후방 효과를 주고 있습니다. AI가 제조, 의료, 금융, 행정 등 국가 사회 전반에 성공적으로 도입된다면 엄청난 경제적 가치가 창출될 것이라는 의견이 모든 분들에게 다 공유되고 있습니다.

AI가 국가 역량과 성장을 좌우하고 경제안보의 핵심이 되는 시대로 지금 전환되고 있습니다. 세계 주요 국가들은 이 패권 경쟁에서 승리하기 위해 주도권 선점에 사활을 걸고 있습니다. 우리 대한민국도 다른 국가 못지않게 발 빠르게 대응해 왔습니다.

미래 AI 반도체 시장을 석권하고자 지난 4월부터 AI

반도체 이니셔티브를 추진하고 있습니다. 또 한미 정상회담을 통해 확립한 포괄적 전략 동반자 관계를 기반으로 한미 AI 워킹그룹을 운영하고 있습니다. 지난 9월 24일에는 한미가 함께 AI를 공동 연구 개발하는 '글로벌 AI 프론티어 랩'도 개소했습니다.

저와 정부는 AI를 올바르고 정의롭게 활용할 수 있도록 노력을 해왔습니다. AI의 급속한 발전과 함께 많은 부작용도 발생하고 있습니다. AI 기술로 생산된 가짜 뉴스들이 우리의 민주주의를 위협하고, 최근에는 딥페이크 기술을 악용해서 인권을 침해하는 사례들이 빈번하게 일어나고 있습니다. 디지털 격차가 확대되면서 공정하고 균형 있는 정보 접근이 중요해졌습니다.

우리 정부는 이러한 문제들을 국제사회와 연대해서 풀어나가기 위해 글로벌 리더십을 발휘하고 있습니다. 저와 정부는 지난 2022년 디지털 심화 시대의 기본 방향을 제시한 뉴욕 구상을 시작으로 작년 유엔 총회 기조연설과 디지털 권리 장전 수립을 통해 새로운 AI 디지털 규범 정립에 앞장서 왔습니다.

지난 5월에는 주요 국가들과 함께 AI 서울 정상회의를 개최해서 안전, 혁신, 포용의 3대 원칙을 담은 서울 선언을 이끌어 냈습니다. 이러한 기반 위에서 인공지능 시대를 활짝 열어가고자 합니다.

먼저 '국가 AI 컴퓨팅 센터'를 민관 합작 투자로 구축하겠습니다. 앞으로 이 센터가 인공지능 연구 개발과 산업 육성의 핵심 인프라로 기능할 것입니다.

우리 산업과 사회 전반의 AI 전환을 촉진하고, 민간의 AI 투자를 확대시키겠습니다. 저작권과 개인정보 보호 규제가 보호하려는 핵심 가치는 지키되 이것이 AI 혁신의 걸림돌이 되지 않도록 규제를 전향적으로 개선해 나가겠습니다.

연구 개발과 인프라는 물론이거니와 교육, 법제에 이르기까지 모든 분야에서 치밀한 전략을 세우고, 이를 철저하게 이행할 것입니다. 여러분과 함께 힘을 모아서 2027년까지 대한민국을 인공지능 3대 강국으로 도약시키겠습니다.

지금 전 세계 AI 전문가들이 꼽는 AI 강국이 미국,

중국, 싱가포르, 프랑스, 영국, 한국, 이런 정도의 순입니다. 우리도 더 노력하면 이 3대 강국으로 진입하는 것이 불가능하지 않고, 우리가 도전할 만한 과제라고 저는 생각합니다.

민간과 정부가 함께 노력해서 지금 대한민국은 세계 최강의 IT 강국이 됐습니다. 정보화 혁명을 이뤄낸 DNA로 다시 한번 민관이 합심하면 AI 3대 강국이 가능합니다.

앞으로도 저는 우리 국민과 기업, 또 전 세계인들과 함께 AI 혁신을 누릴 수 있도록 최선을 다하겠습니다. 인공지능이 주도하는 미래 30년을 여러분과 함께 설계하고 실현해 나가겠습니다.

감사드립니다.

2024 파리패럴림픽 선수단 격려 오찬 격려사
(2024년 9월 13일)

패럴림픽 기간 내내 분전을 펼치는 여러분을 보면서 저도 모든 국민들과 마찬가지로 뭉클한 감동을 느꼈습니다. 저는 여러분과 만나는 오늘 이 자리를 기다렸습니다.

이번 패럴림픽에서 우리 선수단이 금메달 6개를 비롯해서 모두 30개의 메달로, 세워놓은 목표를 초과 달성했습니다. 그러나 저는 메달을 따신 분들의 노고도 감사하고 치하합니다만 메달이 몇 개냐, 순위가 몇 위냐가 전혀 중요하지 않다고 생각합니다. 불굴의 의지를 보여준 여러분의 경기 자체가 감동이고, 여러분이 흘린 땀방울이 바로 금메달이라고 저는 생각합니다.

우리 선수단 여러분, 정말 수고 많았습니다. 또 선수들을 헌신적으로 뒷받침해 주신 지도자, 경기보조인과 가족 여러분께도 감사의 말씀을 드립니다.

이번 패럴림픽은 첫날부터 감동의 연속이었습니다.

사격에서 이윤리 선수가 첫 메달을 따고, 조정두 선수가 금메달, 서훈태 선수가 동메달로 뒤를 이었습니다. 특히 조정두 선수와 서훈태 선수는 군 복무 중에 장애를 입었는데, 나라를 지키던 그 정신과 열정으로 멋진 투혼을 보여주었습니다.

보치아 대표팀은 88 서울 패럴림픽부터 올해 파리까지 10회 연속 금메달을 획득하는 어마어마한 위업을 이루어냈습니다. 이 중 4개의 금메달에는 우리 정호원 선수의 땀과 눈물이 담겨 있습니다.

탁구의 김영건 선수는 무려 24년간 국가대표를 하며 6번의 패럴림픽에 출전한 베테랑입니다. 대회 준비 도중에 어깨 탈구와 장 파열로 어려움을 겪었지만 이마저 불굴의 의지로 이겨내고 6번째 금메달을 안겨줬습니다. '나비 검객' 권효경 선수는 서울 패럴림픽 이후 36년 만에 휠체어 펜싱 에페에서 은메달을 목에 걸었습니다.

그 어떤 메달보다 큰 감동을 안겨준 선수들도 많았습니다. 특히, 우리 김황태 선수, 두 다리만으로 거센

물결의 센강 750m를 헤엄쳐 건너고, 사이클 20km와 육상 5km를 달려서 그 힘들다는 트라이애슬론을 완주했습니다. 결승선을 통과하고 아내이자 핸들러인 김진희 씨와 포옹하는 그 모습을 보면서 저도 눈시울이 뜨거웠습니다.

5번째 패럴림픽에 참가한 '육상의 전설' 유병훈 선수와 전민재 선수는 젊은 선수들과 경쟁하며 투혼의 역주를 보여주었습니다.

영화 '범죄도시'의 분장 팀장이었던 휠체어 펜싱 조은혜 선수는 첫 패럴림픽에서 세계 4위에 올랐고, 교통사고의 아픔을 카누로 극복한 최용범 선수는 패럴림픽 첫 출전에서 세계 8위에 올랐습니다.

28년 만에 8강에 오른 골볼(Goalball)을 비롯해 배드민턴, 태권도, 수영, 조정, 역도, 휠체어테니스 등 모든 경기가 감동의 드라마 그 자체였습니다.

여러분, 이번 패럴림픽에 참가한 모든 선수가 우리에게 주는 메시지는 분명합니다. 포기하지 않는 도전, 그 자체가 위대한 성취라는 것입니다.

김황태 선수가 경기 후 인터뷰에서 "제발 나와서 활동하세요"라고 외치는 모습을 봤습니다. 아까 우리 다 같이 봤죠? 장애인들뿐만 아니라 우리 국민 모두에게 큰 울림을 주는 목소리였습니다.

우리가 살다 보면 힘들고 어려운 일을 얼마나 많이 만나게 됩니까? 그럴 때 뒷걸음질 치거나 웅크리지 않고, 나가서 뛰어야 한다는 평범한 진리를 선수단 여러분이 우리 국민들에게 생생하게 보여주셨습니다. 우리 국민, 특히 청년 미래 세대들이 꿈을 향해 끊임없이 땀 흘리고 도전하는 여러분의 모습을 더 많이 보고 더 많이 배워야 한다고 저는 생각합니다.

상대적으로 장애인 체육에 대한 관심이 많이 부족합니다. 그렇지만 앞으로 더 많은 국민이 여러분의 경기를 보고 응원하며, 감동을 나눌 수 있도록 정부도 열심히 노력하겠습니다.

사실 패럴림픽 역사에 가장 큰 유산을 남긴 나라가 바로 대한민국입니다. 올림픽에 이어 같은 장소에서 패럴림픽을 연달아 열었던 첫 대회가 바로 88 서울이었습니다. 서울 패럴림픽 직후 국제패럴림픽위원회(IPC)가 설립되어 전 세계 장애인 스포츠의 발전을 이끌 토대가 만들어졌습니다. 패럴림픽의 상징 깃발인 '아지토스'에 태극 문양이 담겨 있는 것도 바로 그 때문입니다.

저는 이런 패럴림픽의 유산을 이어받아 대한민국 장애인 체육이 더욱 활성화되도록 최선을 다하겠습니다.

장애인 체육 현장은 생활체육, 전문체육, 평생체육으로 이어지는 훌륭한 모델입니다. 패럴림픽에 출전하는 선수들은 대부분 재활이나 생활체육으로 시작해서 전문 선수가 됐습니다. 운동을 시작한 시기도 다 다릅니다. 이번 대회에도 10대, 20대 선수가 23명, 30대와 40대 선수가 45명, 또 50대 이상 선수가 15명으로 모든 연령대가 골고루 출전했습니다.

정부는 장애인 체육시설을 더 늘리고 편의성을 높여 생활체육 참여를 계속 확대해 나가겠습니다. 아울러, 전문 선수들의 경기력 향상을 위한 스포츠 의과학 투자도 크게 늘릴 것입니다.

이번 패럴림픽은 사상 최초로 종목별 특성에 맞춘 스포츠과학 지원으로 선수들의 훈련과 대회를 뒷받침했습니다.

 앞으로 더 많은 종목에 더 맞춤화된 기술로 선수 여러분을 지원하겠습니다. 4년 뒤 LA 패럴림픽에서도 여러분 모두 눈부신 활약을 하시기를 힘껏 응원하며, 여러분의 위대한 도전과 여정에 큰 박수를 보냅니다.

 감사합니다.

회암사 사리 이운 기념 문화축제 및 삼대화상 다례재 축사 (2024년 5월 19일)

존경하는 국민 여러분. 그리고 전국의 불자 여러분. 오늘은 우리 불교계의 큰 경사이면서 국민 모두에게 정말 기쁜 날입니다.

100년 가까이 양주 회암사를 떠나 이역만리 타국에 머물렀던 3여래 2조사 사리가 마침내 우리 국민의 품으로 돌아왔습니다. 회암사 사리 이운 기념 문화 대축제와 삼대화상 다례재를 마음을 다해 축하드립니다.

이번에 돌아와 모셔진 사리는 매우 특별한 의미를 가지고 있습니다. 정광불, 가섭불, 석가불 3여래와 지공 선사, 나옹 선사 2조사의 사리가 함께 봉안된 사리로서 한국불교의 정통성과 법맥을 상징하는 소중한 국가유산입니다.

하지만 이 귀한 유물을 다시 모셔오는 길은 길고 힘들었습니다. 2004년 보스턴미술관의 사리구 소장 사실을 처음 확인한 후 조계종을 중심으로 국민의 마음을 모아 반환 운동을 계속했습니다만, 협상이 번번이 교착 상태에 빠졌습니다. 급기야 10년 전인 2013년에 최종 결렬되고 말았습니다.

작년 4월 저의 미국 순방을 계기로 10년 만에 반환 논의 재개를 요청했습니다. 1년에 걸쳐 많은 분들께서 노력하신 끝에 지난 4월 기다리고 기다렸던 환지본처가 이루어졌습니다. 큰 역할을 해주신 진우 총무원장님과 대덕 스님 여러분께 깊이 감사드리며 국가유산청 관계자 여러분의 노고에도 감사와 격려를 드립니다.

함께하신 불자 여러분, 저는 이번 환지본처를 통해 많은 것을 알게 됐습니다. 오랫동안 풀지 못한 어려운 문제였지만 한미 관계가 가까워진 것이 또 문제를 푸는 실마리가 되기도 했습니다.

이미 끝난 문제라고 포기하지 않고 국민과 정부가 힘을 합쳐 애쓰고 노력하니 부처님의 가피가 함께하여 국민들의 소망을 이루어 냈습니다.

부처님의 가피는 그냥 얻어지는 것이 아니라 간절한 기도와 정진이 선행되어야 함을 느낄 수 있는 것이었습니다.

앞으로 국정을 운영하는 데 있어서 아무리 어려운 일이라도 회피하지 않고 국민을 위한 간절한 마음으로 노력하고 또 힘쓰겠습니다.

부처님의 자비광명이 충만한 세상, 국민의 오늘이 더 행복하고 나라의 미래가 더 희망찬 대한민국을 불자 여러분과 함께 만들어 가겠습니다.

다시 한번 축하의 말씀을 드리며, 늘 부처님의 자비광명이 함께 하시길 두 손 모아 기원합니다.

감사합니다.

제3차 민주주의 정상회의 세션2 발언

(2024년 3월 20일)

[모두 발언]

존경하는 정상 여러분,

그리고 민주주의를 사랑하는 세계시민 여러분,

'기술, 선거 및 가짜 뉴스'를 주제로 한 이번 본회의 세션에 함께하신 것을 환영합니다.

오늘날 전 세계는 전례 없는 복합 위기에 직면해 있습니다.

코로나 팬데믹의 상처가 채 아물기도 전에 국제사회 곳곳에서 지정학적 갈등이 촉발되고, 기후 위기까지 더해지면서 식량과 에너지 위기가 심화되고 있습니다.

또한, 세계 곳곳에서 권위주의가 부상하면서 우리가 지켜온 민주주의가 도전받고 있습니다.

정상 여러분,

1965년 인텔의 공동 설립자인 고든 무어(Gordon Moore)는 반도체의 성능이 2년마다 두 배씩 증가한다는 흥미로운 주장을 제기했습니다. '무어의 법칙'이 예견했던 것처럼, 오늘날 세상은 그간 인류가 미처 경험하지 못한 빠른 속도로 발전하고 있습니다.

인공지능과 빅데이터를 활용한 새로운 상품과 서비스가 하루가 멀다하고 새롭게 등장하고 있고, 그만큼 우리의 생활이 나날이 편리해지고 있지만, 한편으로는 예상치 못한 부작용도 발생하고 있습니다.

특히, 인공지능과 인터넷 봇(bot) 기술을 활용한 가짜 뉴스와 허위 조작 정보의 무분별한 확산이 전 세계적인 문제로 대두되고 있습니다.

특정 세력들이 조직적으로 제작하고 배포하는 가짜 뉴스는, 단순히 잘못된 정보를 전파하는 것을 넘어 사회적 갈등과 분열을 야기합니다. 또한, 가짜 뉴스는 국민들이 사실과 다른 정보를 바탕으로 잘못된 판단을 내리도록 선동함으로써, 민주주의의 근간인 선거를 위협하고 있습니다.

이는 민주주의에 대한 분명한 도발입니다. 올해는 전 세계 인구의 3분의 1이 선거를 치르는 "슈퍼 선거의 해"입니다.

정상 여러분, 보편적 가치를 공유하는 민주주의 국가들이 연대하여 가짜 뉴스에 함께 대응해야 합니다.

공정한 선거로 민주주의 기틀을 수호해야 할 우리의 책무는 그 어느 때보다 막중합니다. 가짜 뉴스를 엄중히 다루는 법과 제도를 함께 준비해 나가야 합니다.

특히, 국경을 넘어 다른 나라의 선거에 영향을 미치려는 세력에 대해서도 엄격하게 법을 집행할 수 있도록, 국제사회가 함께 공조해 나가야 합니다. 또한, 민주주의를 지키기 위한 기술의 연대와 공유도 필요합니다. 이를 통해, AI와 디지털 기술을 악용해 가짜 뉴스를 만들어내는 세력에 대항하여 이를 찾아내고 퇴치하는 AI, 디지털 시스템을 함께 만들어야 합니다.

악의적인 가짜뉴스와 거짓 정보가 그래도 멈추지 않는다면, 이에 공동 대응하는 강력하고도 체계적인 대응 홍보전(anti-propaganda)을 펴나가야 합니다.

정상 여러분, 세계 민주주의의 증진은 어느 한 국가의 힘만으로는 결코 이룰 수 없습니다. 보편적 가치를 공유하는 민주주의 연대를 더욱 강화하고, 끊임없이 확장해 나가야 합니다.

대한민국은 이를 위해 각국의 정부와 국제기구 그리고 민간 파트너들과 긴밀히 협력해 나갈 것입니다.

특히, 우리가 함께 일궈낸 세 차례의 민주주의 정상회의 성과를 계속 키워나가고, 가짜 뉴스로부터 우리의 민주주의를 굳건히 수호해 나가기 위해 국제사회의 파트너들과 힘을 모을 것입니다.

그럼, 제 생각은 이 정도로 말씀드리고 지금부터 세션에 참여하신 각국 정상들의 말씀을 경청하는 시간을 갖겠습니다. 오늘 자리를 빛내주신 여러분께 다시 한번 감사드립니다.

[마무리 발언]

존경하는 정상 여러분,

'기술, 선거 및 가짜 뉴스'를 주제로 미래 세대에게 더 나은 민주주의를 만들어주기 위해 여러분의 소중한 의견을 함께 나누어주셔서 감사드립니다.

오늘 우리는 신기술이 우리의 선거와 민주주의에 미

치는 영향과, 이에 대응하기 위한 협력 방안을 폭넓게 논의하였습니다. 오늘 정상 여러분과의 열띤 논의에서 자유와 인권이 존중되고, 평화와 번영이 넘치는 미래에 대한 우리의 공통된 열망을 다시 한번 확인할 수 있었습니다.

또한, 민주주의 국가들이 법과 제도 그리고 과학기술의 영역에서 함께 연대하고 협력한다면, 가짜 뉴스와 같은 민주주의의 새로운 도전들도 충분히 극복할 수 있다는 확신도 갖게 됐습니다. 인공지능을 포함한 신기술이 민주주의를 제약하기보다는, 민주주의를 증진하고 도약시키는 지렛대가 될 수 있도록 함께 지혜를 모아 나가기를 희망합니다. 이러한 우리의 노력이 소중한 결실을 맺을 수 있도록, 대한민국은 앞으로도 국제사회와 긴밀하게 소통하고 협력할 것이며, 민간 차원의 활동도 적극 지원해 나갈 것입니다.

다음 세션에서도 민주주의에 대한 심도 있는 논의가 계속 이어지기를 기대합니다. 긴 시간 함께해 주신 여러분께 다시 한번 감사드립니다.

2024년 윤석열 대통령 신년사 (2024년 1월 1일)

존경하는 국민 여러분,

그리고 700만 재외 동포 여러분,

푸른 용의 해, 갑진년 새해가 밝았습니다.

새해 복 많이 받으십시오.

2024년 새해, 국민 여러분께서는 어떤 소망을 품고 첫 아침을 맞으셨습니까? 바라시는 소망은 다 다르겠지만, 작년보다 나은 새해를 꿈꾸는 마음은 모두 같으리라 생각합니다.

저와 정부도 다르지 않습니다.

새해에 우리 국민 모두의 삶이 더 나아지고, 대한민국이 다시 도약할 수 있도록 온 힘을 다해 뛸 것입니다.

돌아보면, 지난해는 무척 힘들고 어려운 1년이었습니다. 나라 안팎의 경제 환경이 어려웠고, 지정학적 갈등도 계속됐습니다. 고금리, 고물가, 고유가가 우리 경제의 회복 속도를 늦추면서, 민생의 어려움도 컸습니다. 국민 여러분, 얼마나 힘드셨습니까?

민생 현장에서 국민 여러분을 뵙고, 고충을 직접 보고 들을 때마다, 대통령으로서 무거운 책임감을 느꼈습니다. 민생을 보살피고 경제를 살리기 위해 할 수 있는 최선을 다했지만, 늘 부족하고 송구스러운 마음이었습니다.

하지만, 이렇게 힘든 상황 속에서도 우리 국민 여러분께서는 더욱 힘을 내주셨습니다. 지난 한 해, 대부분의 국가들이 높은 물가와 경기 퇴조의 '스태그플레이션'을 겪었습니다.

특히, 특정 국가 의존도가 심했던 나라, 에너지 전환 정책에 실패한 나라, 그리고 디지털 심화 시대에 적응하지 못한 나라들의 경제가 큰 어려움을 겪었습니다.

글로벌 복합위기 가운데에서 우리나라가 세계에서 가장 빠른 속도로 재도약의 발판을 마련할 수 있었던 것은, 우리 국민과 기업인 여러분의 피땀 어린 노력 덕분이었습니다.

정부를 믿고 함께 뛰어주신 국민 여러분, 그리고 기업인 여러분께 깊이 감사드립니다.

존경하는 국민 여러분, 글로벌 복합위기 속에서 우리 정부는 민생을 국정의 중심에 두고 모든 노력을 다해왔습니다. 건전재정 기조를 원칙으로 삼아 재정 여력을 확보하는 한편, 물가를 잡고 국가 신인도를 유지해왔습니다. 부동산 시장이 정치와 이념이 아니라 경제 원리에 맞게 작동되도록 시장을 왜곡시키는 규제를 철폐해서 부동산 시장을 정상화시켰습니다. 특히, 보유세 부담을 완화하여 국민 부담을 줄였습니다.

반도체를 비롯한 국가 전략 기술에 세계 최고 수준의 인센티브를 지원하고, 법인세를 인하하여 기업의 고용과 투자 여력을 높였습니다. 15개의 국가 첨단 산업 단지와 7개의 첨단 전략 산업 특화 단지를 지정했고, 글로벌 스탠더드에 맞지 않는 킬러 규제도 혁파하며 산업을 육성하고 시장을 개척했습니다.

새해 2024년은 대한민국 재도약의 중대한 전환점이 될 것입니다. 무엇보다, 글로벌 교역이 회복되면서 우리 경제 전반의 활력이 나아지고 수출 개선이 경기회복과 성장을 주도할 것입니다. 물가도 지금보다 더욱 안정될 것입니다. 경제 회복의 온기가 취약계층과 사회적 약자에게 온전히 전해질 수 있도록 최선을 다하겠습니다. 특히, 소상공인과 자영업자들의 금융 부담을 낮추기 위해 정부와 금융권이 힘을 모아 지원할 것입니다.

부동산 PF, 가계부채와 같이 우리 경제를 위협할 수 있는 리스크는 지난 한 해 동안 잘 관리해왔고, 앞으로도 철저히 관리해나갈 것입니다.

새해에는 국민들께서 새집을 찾아 도시 외곽으로 나가지 않도록 도시 내에 주택 공급을 늘리겠습니다. 특히, 재개발, 재건축 사업 절차를 원점에서 재검토하여 사업 속도를 높이고, 1인 내지 2인 가구에 맞는 소형 주택 공급도 확대하겠습니다.

경제 활력을 뒷받침할 수 있도록 기업 투자를 가로막는 킬러 규제를 지속적으로 혁파하고, 첨단 산업에 대한 촘촘한 지원을 통해 기업이 창의와 혁신을 마음껏 발휘할 수 있도록 할 것입니다.

경제 외교, 세일즈 외교는 바로 우리 국민의 일자

리를 창출하는 일자리 외교입니다. 취임 후 지금까지 96개국 정상들과 151차례의 회담을 갖고, 우리 기업과 국민이 역량을 마음껏 펼칠 수 있도록 운동장을 넓혀 왔습니다.

새해에도 일자리 외교에 온 힘을 쏟겠습니다.

지난해, 녹록지 않은 대외 여건 속에서도 민간의 활력을 바탕으로 시장경제 원칙과 건전재정 기조를 유지한 결과 통계 작성 이래 역대 가장 높은 고용률과 가장 낮은 실업률을 기록하였습니다. 핵심 취업 연령대인 20대 후반 청년 고용률은 지난해 1월에서 11월까지 평균 72.3%로, 역대 최고 수준을 기록했습니다. 해외에서도 우리의 노력과 성과를 높이 평가하고 있습니다. 세계적인 권위를 가지고 있는 경제지 이코노미스트는 우리 경제를 종합적으로 평가하여, OECD 35개국 가운데 2위라는 성적표를 내놓았습니다.

올해를 경제적 성과와 경기회복의 온기가 국민 여러분의 삶에 구석구석 전해지는 민생 회복의 한 해로 만들겠습니다.

정부는 출범한 이후 일관되게 이권 카르텔, 정부 보조금 부정 사용, 특정 산업의 독과점 폐해 등 부정과 불법을 혁파해 왔습니다.

올해도 국민의 자유를 확대하고 후생을 증진함과 아울러, 공정한 사회를 만들기 위한 노력을 멈추지 않을 것입니다. 자기들만의 이권과 이념에 기반을 둔 패거리 카르텔을 반드시 타파하겠습니다.

모든 국민이 공정한 기회를 누리도록 할 것입니다. 부패한 패거리 카르텔과 싸우지 않고는 진정 국민을 위한 개혁이 불가능하기 때문입니다.

올 한 해 정부의 개혁 노력을 지켜봐 주시고, 관심과 격려를 부탁드립니다.

사랑하는 국민 여러분, 경제가 지속적으로 성장하기 위해서는 구조적인 잠재 역량을 키워야 합니다. 특히, 저출산으로 잠재 역량이 계속 하락하는 상황에서, 구조개혁을 통해 사회 전반의 생산성을 높여야만 민생도 살아나고, 경제도 지속적으로 성장할 수 있습니다.

노동, 교육, 연금의 3대 구조개혁을 흔들림 없이 추

진해야 합니다. 먼저, 노동개혁을 통해 성장과 일자리 창출을 뒷받침하겠습니다. 노동개혁의 출발은 노사 법치입니다. 법을 지키는 노동운동은 확실하게 보장하되, 불법행위는 노사를 불문하고 엄정하게 대응할 것입니다. 급속히 변화하는 산업수요에 대응하려면, 노동시장이 유연해야 합니다. 유연한 노동시장은 기업 투자를 늘리고, 일자리를 더 많이 만들어 냅니다.

결과적으로 노동자들은 더 풍부한 취업 기회와 더 좋은 처우를 누릴 수 있습니다. 연공서열이 아닌 직무 내용과 성과를 중심으로 임금체계를 변화시키고, 노동시장 이중구조를 개선하겠습니다. 유연근무, 재택근무, 하이브리드 근무 등 다양한 근무 형태를 노사 간 합의로 선택할 수 있도록 하겠습니다.

사람이 곧 미래이고, 경쟁력입니다.

교육개혁은 우리의 미래를 이끌어갈 인재를 양성하고, 미래세대의 경쟁력을 높이는 일입니다. 세계 최고 수준의 교육과 돌봄을 국가가 책임지고 제공하겠습니다. 초등학교에서 아침부터 저녁까지 안심하고 아이를 맡길 수 있도록 하여 부모님의 양육과 사교육 부담을 덜어드리고, 아이들은 재미있고 다채로운 교육 프로그램을 누리게 하겠습니다.

교권을 바로 세워 교육 현장을 정상화하고, 공교육의 경쟁력을 높여 나가겠습니다. 학교폭력의 처리는 교사가 아닌 별도의 전문가가 맡도록 할 것입니다.

혁신을 추구하는 대학에는 과감한 재정 지원을 함으로써 글로벌 인재를 길러낼 것입니다.

제대로 된 연금개혁을 반드시 이뤄내겠습니다. 연금개혁은 그동안 어느 정부도 손대지 않고 방치해 왔습니다. 저는 대선 공약과 국정과제를 통해 연금개혁의 초석을 마련하겠다고 국민께 약속드렸습니다. 그 약속을 지키기 위해 철저한 과학적 수리 분석과 여론조사 및 심층 인터뷰를 통해 방대한 데이터를 수집, 정리하여 작년 10월 말 국회에 제출하였습니다.

이제 국민적 합의 도출과 국회의 선택과 결정만 남아 있습니다.

정부는 앞으로 국회의 공론화 과정에도 적극 참여하

여 국민적 합의를 도출하는 데 최선을 다하겠습니다.

노동, 교육, 연금의 3대 구조개혁 못지않게 중요한 것이 저출산 문제의 해결입니다. 시간이 많이 남지 않은 만큼 우리나라 저출산의 원인과 대책에 대해 지금까지와는 다른 차원의 접근이 필요합니다. 저출산의 원인이 무엇인지 냉정하게 파악하고, 실효성 있는 대책을 찾아내야 합니다.

훌륭한 교육정책, 돌봄 정책, 복지정책, 주거정책, 고용정책이 저출산 문제 해결에 도움이 될 수는 있겠지만, 근본적인 해법이 되지 못한다는 것은 이미 20여 년 이상의 경험으로 우리 모두 잘 알고 있습니다. 아울러, 저출산의 원인으로 지적되고 있는 우리 사회의 불필요한 과잉 경쟁을 개선하는 것이 매우 중요합니다. 이를 위해 우리 정부의 중요한 국정 목표인 지방균형발전 정책을 확실하게 추진해 나가겠습니다.

존경하는 국민 여러분, 정부는 출범 이후, 우리 외교의 중심축인 한미 동맹을 완전히 복원하여 글로벌 포괄 전략 동맹으로 확장시켰습니다.

방치된 한일 관계를 정상화하고, 한일 셔틀외교를 12년 만에 재개했습니다. 이를 발판으로 캠프 데이비드에서 한미일 3국 협력체계를 구축하여 인태 지역의 평화와 번영을 주도해 나가고 있습니다. 한미 워싱턴 선언에 따라 핵협의그룹(NCG)을 신설하고, 핵 기반의 한미 군사동맹을 새롭게 구축하였습니다.

 대한민국은 상대의 선의에 의존하는 굴종적 평화가 아닌, 힘에 의한 진정하고 항구적인 평화를 확고히 구축해 나아가고 있습니다. 튼튼한 안보로 자유로운 경제활동과 걱정 없는 일상을 뒷받침하겠습니다. 북한의 핵미사일 위협에 대비해 한국형 3축 체계를 더욱 강력히 구축하는 데 속도를 낼 것입니다.

 올해 상반기까지 증강된 한미 확장억제 체제를 완성하여 북한의 핵미사일 위협을 원천 봉쇄할 것입니다. 우리 군을 인공지능과 유무인 복합전투체계, 첨단 과학 기술에 기반을 둔 과학 기술 강군으로 탈바꿈시킬 것입니다.

 아울러, 국민이 안심할 수 있는 사이버 환경을 조성

해 나가면서 북한을 포함한 다양한 사이버 위협으로부터 국가 주요 기관과 민간 핵심 시설을 빈틈없이 보호하겠습니다. 이처럼 튼튼한 안보의 기반 위에 글로벌 경제안보 네트워크를 촘촘히 구축함과 아울러, 핵심 산업과 민생에 직결된 광물, 소재, 부품의 공급망 교란에 대한 대응력을 확실하게 갖추겠습니다.

정부는 출범 후 지금까지 연평균 150억 달러 이상의 방산 수출 성과를 달성하였습니다. 앞으로도 방위 산업을 국가전략산업으로 육성하여 수출 대상국과 품목을 다변화하고 2027년까지 대한민국을 방산 수출 4대 강국으로 도약시키겠습니다.

최근 미국의 권위 있는 정치 논평 매체는 지난 2년간 전 세계에서 대한민국만큼 국제적 역할과 위상을 드높인 나라가 없다고 평가했습니다. 특히, 동북아시아의 핵심 민주주의 국가인 대한민국이 인태 지역을 넘어 대서양까지, 안보, 경제, 문화에 걸쳐 주도적 역할을 수행하고 있다고 평가하였습니다.

앞으로도 우리 정부는 국제사회에서 책임과 기여를

다하는 글로벌 중추국가 비전을 실현해 나가겠습니다.

존경하는 국민 여러분,

새해를 맞으며, 대통령 취임사를 다시 읽어봤습니다. 국민과의 약속을 지키기 위해 쉴 틈 없이 뛰어왔지만, 해야 할 일들이 더 많습니다.

새해, 더욱 새로운 각오로 온 힘을 다해 뛰겠습니다. 무엇보다 민생 현장 속으로 들어가 작은 목소리에도 귀를 기울이고, 국민의 삶을 변화시키는 진정한 민생 정책을 추진하겠습니다.

모든 국정의 중심은 국민입니다.

검토만 하는 정부가 아니라 '문제 해결을 위해 행동하는 정부'가 될 것입니다.

우리 미래를 위해, 우리 아이들을 위해 언젠가 누군가 해야 한다면, 바로 지금 제가 하겠습니다.

새해에는 국민 여러분 모두

원하시는 바를 성취하시고,

저와 정부도 최선을 다해 뛰겠습니다.

감사합니다.

제79주년 광복절 경축식 대통령 경축사

(2024년 8월 15일)

존경하는 국민 여러분,

700만 재외 동포 여러분,

그리고 2,600만 북한 동포 여러분,

오늘 우리는 광복 79주년을 맞이했습니다. 조국의 독립을 위해 헌신하신 순국선열과 애국지사들께 경의를 표합니다. 그리고 유가족 여러분께도 깊이 감사드립니다.

국권을 침탈당한 이후 오늘에 이르기까지, 우리 국민은 참으로 위대한 역사를 써내려 왔습니다. 그리고, 이 위대한 여정을 관통하는 가치는 바로 자유입니다.

우리의 광복은, 자유를 향한 투쟁의 결실이었습니다. 국권을 잃은 암담한 상황에서도 우리 국민들은 포기하지 않았습니다.

1919년 3.1운동을 통해, 국민이 주인이 되는 자유로운 나라를 만들겠다는 국민들의 일치된 열망을 확인했습니다. 이러한 열망을 담아 상해 임시정부를 세웠고, 국내외에서 다양한 독립운동을 펼쳐 나갔습니다.

안으로는 교육, 문화를 통해 스스로의 힘을 기르기 위해 끊임없이 노력했고, 밖으로는 외교적, 군사적 독립운동을 멈추지 않았습니다.

1945년 해방 이후에도 자유를 향한 투쟁은 계속되었습니다. 1948년 자유민주주의 헌법을 제정하여 이 땅에 대한민국 정부를 수립했습니다.

제헌 이후 지금까지 지켜온 자유민주주의와 시장경제의 헌법 정신은 우리가 누리는 풍요와 번영의 토대가 됐습니다.

북한의 남침으로 6.25 전쟁이 발발하자, 자유민주주의 국가들과 함께 피 흘려 싸워 우리의 자유를 지켜냈습니다.

자유의 가치를 지키고 발전시키며 함께 땀 흘려 노력한 결과, 산업화와 한강의 기적, 민주화를 이뤄냈습니다.

이제 대한민국은 눈부신 경제성장을 넘어, 글로벌 중추 국가, 글로벌 문화 강국으로 도약했습니다. 제국주의 세력의 국권 침탈도, 분단도, 전쟁도, 그 무엇도 자유를 향한 우리의 힘찬 전진을 막지 못한 것입니다.

하지만, 우리에게 완전한 광복은 여전히 미완의 과제로 남아 있습니다. 우리 앞에는 반드시 해결해야 하는 중차대한 역사적 과제가 있습니다.

바로, 통일입니다.

1919년 우리 국민들은 한반도에 국민이 주인인 자유민주 국가를 세우기 위한 노력을 시작했습니다. 1945년 일제의 패망으로 해방이 되었지만, 분단 체제가 지속되는 한, 우리의 광복은 미완성일 수밖에 없습니다. 자유가 박탈된 동토의 왕국, 빈곤과 기아로 고통받는 북녘 땅으로 우리가 누리는 자유가 확장되어야 합니다.

한반도 전체에 국민이 주인인 자유 민주 통일 국가가 만들어지는 그날, 비로소 완전한 광복이 실현되는 것입니다.

저는 오늘, 헌법이 대통령에게 명령한 자유민주주의 평화통일의 책무에 의거해서, 우리의 통일 비전과 통일 추진 전략을 우리 국민과 북한 주민, 그리고 국제사회에 선언하고자 합니다.

국민 여러분, 우리가 꿈꾸는 통일 대한민국의 미래는 분명합니다. 국민의 자유와 안전이 보장되는 행복한 나라, 창의와 혁신으로 도약하는 강하고 풍요로운 나라, 국제사회의 화합과 발전을 선도하며 세계 평화와 번영에 기여하는 나라, 이것이 바로 통일 대한민국 미래입니다.

저는 오늘, 이러한 통일 대한민국으로 나아가기 위한 우리의 과제를 제시하고자 합니다.

첫째, 우리 국민이 자유 통일을 추진할 수 있는 가치관과 역량을 더욱 확고히 가져야 하고,

둘째는, 북한 주민들이 자유 통일을 간절히 원하도록 변화를 만들어 내야 하며,

셋째는, 국제사회와 연대해야 한다는 것입니다.

먼저, 우리 스스로 자유의 가치에 대한 확신을 더욱

강하게 가져야 합니다.

우리 안의 자유를 굳건히 지켜야만, 우리가 자유민주주의 통일을 주도하는 통일 추진 세력이 될 수 있는 것입니다.

우리 모두가 자유인이 되고 우리의 자유가 서로 공존하기 위해서는, 책임과 배려, 질서와 규범이 전제되어야 합니다.

질서와 규범을 무시하는 방종과 무책임을 자유와 혼동해서는 안 됩니다. 자유 사회를 무너뜨리기 위한 허위 선동과 사이비 논리에 휘둘려서는 더더욱 안 됩니다. 이른바 가짜 뉴스에 기반한 허위 선동과 사이비 논리는 자유 사회를 교란시키는 무서운 흉기입니다.

지금 가짜 뉴스는 하나의 대규모 산업이 됐습니다.

사이비 지식인들은 가짜 뉴스를 상품으로 포장하여 유통하며, 기득권 이익집단을 형성하고 있습니다.

사이비 지식인과 선동가들은 우리가 진정으로 지향해야 할 가치와 비전을 전혀 제시하지 못하고 있습니다. 제시할 수가 없습니다.

국민을 현혹하여 자유 사회의 가치와 질서를 부수는 것이 그들의 전략이고, 진짜 목표를 밝히면 거짓 선동이 먹혀들지 않기 때문입니다.

선동과 날조로 국민을 편 갈라, 그 틈에서 이익을 누리는 데만 집착할 따름입니다.

이들이 바로, 우리의 앞날을 가로막는 반자유 세력, 반 통일 세력입니다.

디지털 사이버 산업의 발전에 따라 지식산업이 기하급수적으로 성장하는 상황에서, 이를 악용하는 검은 선동 세력에 맞서 자유의 가치 체계를 지켜내려면, 우리 국민들이 진실의 힘으로 무장하여 맞서 싸워야 합니다.

자유는 투쟁으로 얻어내는 것입니다. 결코 저절로 얻어지는 것이 아닙니다.

저와 정부는 우리 사회에서 자유의 가치를 지켜내기 위해 모든 노력을 다하겠습니다.

민간 주도의 시장경제 기조 하에 기업들이 마음껏 뛰며 양질의 일자리를 많이 만들어, 국민들이 취업과 경제활동의 기회를 더 많이 누리도록 최선을 다하겠습니다.

우리 사회를 더욱 공정하고 건강하게 만들 교육개혁, 노동개혁, 연금개혁, 의료개혁에 더욱 박차를 가하겠습니다.

어려운 분들을 집중 지원하는 맞춤형 약자 복지를 확충하고 국민의 삶을 더 따뜻하게 살펴서, 모든 국민의 자유를 지키고 확대하겠습니다.

이를 통해 우리 사회에 자유의 가치가 더 깊이 뿌리내리도록 하고, 검은 세력의 거짓 선동으로부터 우리 국민을 지켜내겠습니다.

우리 국민들이 자유의 가치와 책임의식으로 강하게 무장해야, 한반도의 자유 통일을 주도해 낼 수 있습니다. 특히 청년과 미래세대가 자유 통일의 기대와 꿈을 가질 수 있도록, 미래지향적인 '첨단 현장형 통일 교육 프로그램'을 제공할 것입니다.

그리고 통일이 가져올 기회와 변화를 가상공간에서 미리 체험할 수 있도록 하겠습니다.

둘째로는, 북한 주민들이 자유 통일을 강력히 열망하도록, 배려하고 변화시키는 과제입니다.

자유의 가치를 북녘으로 확장하고 북한의 실질적인 변화를 끌어내는 데 우리가 더욱 적극적으로 나서야 합니다.

무엇보다, 북한 인권의 실질적 개선을 위해 다차원적인 노력을 펼치겠습니다. 북한 인권의 참상을 우리 국민과 국제사회에 있는 그대로 정확하게 알려야 합니다. 우리 정부 출범 후 처음으로 〈연례 북한 인권 보고서〉를 공개 발간한 것도 그런 이유입니다. 앞으로 더욱 충실히 만들어서 전 세계에 더 널리 전하겠습니다.

국내외 민간단체(NGO), 우방국, 국제기구와 공조하여 북한의 인권 유린 실태를 더 널리 알리고, 인권 개선을 지속적으로 촉구하겠습니다. 〈북한 인권 국제회의〉를 추진해서, 북한 인권 담론을 전방위적으로 확장해 나가겠습니다. 〈북한 자유 인권 펀드〉를 조성하여, 북한 주민의 자유와 인권을 촉진하는 민간 활동을 적극 지원할 것입니다.

북한 주민의 생존권 보장을 위한 인도적 지원도 계속 추진할 것입니다.

지난 8월 1일, 북한 수해 이재민에 대한 구호물자 지원을 제안한 것도, 북한 주민들의 고통을 절대 외면하지 않겠다는 우리의 의지를 밝힌 것입니다.

북한 정권이 또다시 거부했지만, 저희는 인도적 지원을 포기하지 않을 것입니다. 북한의 영유아, 여성, 고령자, 장애인 등 북한의 취약 계층에 대해, 식량, 보건을 비롯한 인도적 지원을 앞으로 적극 추진하겠습니다.

북한 주민들이 자유의 가치에 눈을 뜨도록 만드는 일이 매우 중요합니다. 많은 북한이탈주민들은 우리의 라디오 방송, TV를 통해 북한 정권의 거짓 선전 선동을 깨닫게 되었다고 합니다.

자유 통일이 그들의 삶을 개선할 유일한 길임을 더 많은 북한 주민들이 깨닫고, 통일 대한민국이 자신들을 포용할 것이라는 믿음을 갖게 하면, 이들이 자유 통일의 강력한 우군이 될 것입니다.

특히, 북한의 미래 세대에게 자유 통일의 꿈과 희망을 심어줘야 합니다. 북한 주민들이 다양한 경로로 다양한 외부 정보를 접할 수 있도록, '정보 접근권'을 확대하겠습니다. '먼저 온 통일'인 북한이탈주민들을 따뜻하게 품는 일도 매우 중요합니다.

지난 7월 14일, 〈북한이탈주민의 날〉이 제정되어, 첫 기념식을 열었습니다. 탈북민 보호와 지원에 대한 우리 정부의 확고한 의지를 밝힌 것입니다. 정부는 북한이탈주민을 제대로 보호하고, 이들의 역할을 통일 역량에 보태겠습니다.

남북한 모두를 경험한 탈북민들의 경험과 지식을 통일정책 수립과 추진에 적극 반영하여, 통일 대한민국의 미래를 열어가는 소중한 자산으로 삼겠습니다.

이러한 노력들과 함께, 남북대화의 문은 활짝 열어놓겠습니다. 남북대화는 보여주기식 정치 이벤트가 아니라, 우리 국민과 북한 주민의 평화 보장과 생활 개선 등을 논의하는 실질적인 자리가 되어야 합니다.

저는 오늘, 남북 당국 간 실무 차원의 〈대화협의체〉 설치를 제안합니다.

여기에서 긴장 완화를 포함해 경제 협력, 인적 왕래, 문화 교류, 재난과 기후변화 대응에 이르기까지 어떠한 문제라도 다룰 것입니다.

이산가족, 국군 포로, 납북자, 억류자 문제와 같은 인도적 현안도 협의할 수 있을 것입니다.

한편, 재작년 광복절의 '담대한 구상'에서 이미 밝힌 대로, 북한이 비핵화의 첫걸음만 내딛더라도 정치적, 경제적 협력을 즉각 시작할 것입니다. 대화와 협력을 통해, 남북관계의 실질적 진전을 이루어질 수 있도록 북한 당국의 호응을 촉구합니다.

마지막으로, 국제사회와의 연대입니다. 우리의 분단이 국제정치의 산물이었듯이, 통일은 우리 혼자 이뤄내기가 쉽지 않습니다.

우리의 통일은 자유와 인권의 보편가치를 확장하는 과업이며, 세계 평화와 인류의 번영에 직결된 사안입니다.

통일 대한민국이 세계의 평화와 번영에 기여하는 나라가 될 것이라는 믿음을 국제사회에 널리 확산시켜야 합니다. 국제사회에 책임 있는 기여를 하며, 국제사회와 함께 우리의 통일 정책을 추진해 나가야 합니다.

저는 작년 UN 총회 기조연설을 통해, 국가 간의 개발 격차, 기후 격차, 디지털 격차를 해소하는 데 대한민국이 선도적 역할과 기여를 하겠다고 밝혔습니다.

우리 정부 출범 이후 ODA 예산 규모를 과감하게 2배 이상 늘렸습니다. 우리나라 주도의 〈무탄소 연합〉을 출범시켜 기후 과제에 대한 국제적 규범 논의를 선도하고 있습니다.

AI 서울 정상 회의를 개최하는 등 국제사회의 새로운 디지털 규범 정립에도 앞장서고 있습니다. 이러한 기여와 역할을 토대로, 자유 통일에 대한 국제사회의 지지를 견인해 나가는 데 더욱 노력하겠습니다. 이를 위해, 뜻을 같이하는 국가들과 함께 〈국제 한반도포럼〉을 창설하겠습니다. 동맹 및 우방국들과 자유의 연대를 공고히 하면서, 우리 통일에 대한 공감대를 형성하기 위해 노력할 것입니다.

국민 여러분, 그리고 북한 동포 여러분!

통일 대한민국에서 우리는 더 큰 자유와 기회를 리게 될 것입니다. 더 나아가 인류사회 모두를 향한 축복의 메시지가 될 것입니다.

저와 정부는 2024년 올해를, '자유 평화 번영의 통일 대한민국'으로 나아가는 새로운 원년으로 만들겠습니다.

존경하는 국민 여러분, 대한민국이 걸어온 도전과 성취의 여정은 인류 현대사의 빛나는 기록이 되었고, 큰 울림을 주었습니다.

지난 8월 1일, 세계은행은 '중진국 함정'이라는 보고서에서 대한민국을 '성장의 슈퍼스타'라고 지칭하며, 대한민국 성장의 역사가 '모든 중진국이 숙지해야 할 필독서'라고 평가했습니다.

이 보고서는 'Korea'를 무려 100번이나 언급하며, '투자', '기술 도입', '혁신'에 이르는 우리의 성공 비결을 상세히 소개하고 있습니다.

작년 우리의 1인당 국민소득은 처음으로 일본을 넘어섰고, 2026년 4만 달러를 내다보고 있습니다. 올해 상반기 한국과 일본의 수출 격차는 역대 최저인 35억 달러를 기록했습니다.

지난 파리 올림픽 세계 8위라는 눈부신 성적을 확인했듯이, 우리 청년들은 도전을 두려워하지 않고 힘차게 미래로 도약하고 있습니다.

세계 각국이 대한민국이 걸어온 길을 따라오려고 합니다. 하지만, 여기에 만족할 수는 없습니다.

통일 대한민국으로 나아가기 위해서는, 우리가 더 강해져야 합니다. 우리의 자유를 위협하는 안팎의 도전에 맞서, 더 큰 역사의 발전을 이뤄내야 합니다.

존경하는 국민 여러분, 우리의 발걸음을 계속 합시다! 더 큰 대한민국, 통일 대한민국으로 더 굳게 손잡고 우리 모두 힘차게 나아갑시다!

감사합니다.

법무부·공정거래위원회·법제처 업무보고 모두 발언 (2023년 1월 26일)

오늘 법무부, 공정위, 법제처 관계자 여러분과 민간 전문가 여러분들 반갑습니다. 새해 '법과 원칙이 바로 선 나라, 모두가 잘사는 공정한 나라'를 만들기 위해서 우리가 머리를 맞대고 금년 한 해 어떤 원칙과 철학 가지고 여러분들의 해당 분야 국정을 운영해 나갈지 토론하고 고민하는 시간을 갖게 되는 것이 매우 의미 있다고 생각합니다. 우리가 회사 하나를 놓고 봤을 때 조그만한 기업일 때에는 그냥 돈 벌기 위해 열심히 이것저것 안 가리고 하면 되겠죠. 그러나 기업이 좀 커지고, 직원 수도 많아지고, 거래처도 늘고, 또 해외 부문하고 많이 연계가 될 때 그 기업은 그런 식으로 움직여서는 안 됩니다. 많은 CEO들이 자기 기업이 지향하는 비전과 가치라고 하는 것을 늘 생각하고, 그것을 직원들과 거래처와 많이 연관을 맺고 있는 사람들에게 알리고 전파를 하고, 그 원칙 따르려고 해야 그 기업이 더 커지고, 더 사회 기여를 하고, 더 많은 경제적 가치를 창출하면서 더 큰 돈도 벌게 되는 것입니다.

국가도 같습니다. 국가에게 어떤 비전과 가치라고 하는 것은 우리 헌법에 다 써 있습니다. 지금 법무부, 공정위, 법제처가 그야말로 우리 대한민국의 가치, 우리가 지향하는 가치, 헌법을 수호하는 기관입니다. 자유, 민주주의, 또 인권, 법치. 이런 것을 일컬어서 우리가 자유민주주의라고 얘기하고, 공정한 경쟁 환경 하에서의 자유시장 경제원칙이라고 하는 것을 잘 지키고, 관리해 나가는 부분이 공정위의 역할이겠죠.

법제처는 입법 과정에 있어서 우리 헌법 정신을 담아서 법을 해석하고, 또 법 규정을 만들고, 이렇게 하는 기관이기 때문에 오늘 이 세 기관의 연두 부처 업무보고는 이런 헌법 가치 수호라는 측면에서 아주 같은 공통점을 가지고 있습니다.

오늘 그동안 준비하는데 애 많이 쓰셨는데, 일단 여러분들 말씀하시는 거 보고 전문가 분들의 의견을 듣고, 기회가 되면 저도 몇 가지 제 입장을 이야기하도록 하겠습니다. 시작하시죠.

한미동맹 70주년 기념 미국 상·하원 합동회의 연설 (2023년 4월 28일)

자유의 동맹, 행동하는 동맹

Alliance of Freedom, Alliance in Action

존경하는 하원의장님, 부통령님,

상하원 의원 여러분과 내외 귀빈 여러분,

미국 시민 여러분,

"자유 속에 잉태된 나라, 인간은 모두 평등하게 창조되었다는 신념에 의해 세워진 나라."

저는 지금 자유에 대한 확신, 동맹에 대한 신뢰,

새로운 미래를 열고자 하는 결의를 갖고 미국 국민 앞에 서 있습니다.

미 의회는 234년 동안 자유와 민주주의의 상징이었습니다. 미 헌법 정신을 구현하고 있는 바로 이 곳에서 의원 여러분과 미국 국민 앞에 연설하게 되어 매우 기쁘게 생각합니다.

특히, '한미 동맹 70주년 결의'를 채택하여 이번 저의 방문의 의미를 더욱 빛내주신 민주당과 공화당 양당 의원 여러분께도 깊은 감사의 말씀을 드립니다.

여러분께서 어떤 진영에 계시든 간에, 저는 여러분이 대한민국 편에 서 계신다는 사실을 잘 알고 있습니다.

지난 세기 동안 미국은 자유를 위협하는 도전에 맞서 이를 수호하는 데 앞장섰습니다. 제국주의 세력 간의 식민지 쟁탈전이 격화되면서 인류는 두 차례의 참혹한 대전을 겪었습니다.

미국은 자유를 지키기 위한 정의로운 개입을 택했습니다. 이로 인해 미국이 치른 희생은 적지 않았습니다. 맥아더 장군과 니미츠 제독이 활약한 태평양 전쟁에서만 10만 명이 넘는 미국 국민이 전사했습니다. 그러나 이들의 희생은 헛되지 않았습니다.

전후 세계 자유무역 질서를 구축한 미국의 글로벌 리더십은 세계 곳곳에서 평화와 번영을 일구었습니다. 하지만 자유시장을 허용하지 않는 공산 전체주의 세력이 참여하지 않은 자유시장의 번영이었습니다.

 1950년 한반도는 자유주의와 공산 전체주의가 충돌하는 최전선이었습니다. 소련의 사주를 받은 북한의 기습 침략으로 한반도와 아시아의 평화가 위기에 빠졌습니다.

 한반도에서 자유민주주의가 사라질 뻔한 절체절명의 순간, 미국은 이를 외면하지 않았습니다. 한국과 미국은 용감히 싸웠고 치열한 전투가 이어졌습니다.

 전쟁의 포화 속에서 영웅들의 이야기가 탄생했습니다. 맥아더 장군은 허를 찌르는 인천상륙작전으로 불리한 전황을 일거에 뒤집었습니다.

 인천상륙작전은 세계 전사에 기록될만한 명장의 결정이었습니다. 미 해병대 1사단은 장진호 전투에서 중공군 12만 명의 인해 전술을 돌파하는 기적 같은 성과를 거두었습니다. '전혀 알지 못하는 나라의 한 번도 만난 적이 없는 국민'을 지키기 위해 미군이 치른 희생은 매우 컸습니다. 장진호 전투에서만 미군 4,500명이 전사했고, 6.25 전쟁에서 미군 약 3만 7,000명이 전사했습니다. 원주 324 고지전에 참전해 오른쪽 팔과 다리를 잃은 故 윌리엄 웨버 대령은 한국전 참전용사의 숭고한 희생을 기리는 활동에 여생을 바쳤습니다.

오늘 이 자리에 웨버 대령의 손녀 데인 웨버(Dayne Weber) 씨를 모셨습니다.

어디 계신지 일어나 주시겠습니까?

대한민국 국민을 대표해 깊은 감사와 무한한 경의를 표합니다.

여기 계신 의원 여러분들의 가족과 친구 중에도 한국전 참전용사 영웅들이 계실 것입니다.

한국전쟁 참전 용사로 바로 이곳 의회에서 자유와 민주주의를 위해 헌신하신 故 존 코니어스 의원님, 故 샘 존슨 의원님, 故 하워드 코블 의원님, 그리고 지금도 한미 동맹의 열렬한 후원자이신 찰스 랭글 前 의원님.

대한민국은 우리와 함께 자유를 지켜낸 미국의 위대한 영웅들을 영원히 기억하겠습니다. 감사합니다.

오늘 이 자리를 빌려 한국전쟁 참전용사들과 자식과

남편, 그리고 형제를 태평양 너머 한번도 가본적 없는 나라의 자유를 지키기 위해 기꺼이 보내준 미국의 어머니들, 그리고 한국전쟁을 자랑스러운 유산으로 여기고 참전 용사들을 명예롭게 예우하는 미국 정부와 국민에게 깊은 경의를 표합니다.

3년간의 치열했던 전투가 끝나고 한미 양국은 1953년 한미상호방위조약을 체결하면서 새로운 동맹의 시대를 열었습니다.

전쟁의 참혹한 상처와 폐허를 극복하고 번영하는 오늘의 대한민국이 있기까지 미국은 우리와 줄곧 함께했습니다. 감사합니다.

올해로 70주년을 맞이한 한미동맹을 축하해야 할 이유는 너무나 많습니다. 처음부터 성공한다는 보장은 없었습니다. 하지만 오늘날 우리의 동맹은 어느 때 보다 강력하며, 함께 번영해 나가고 있습니다. 그리고 우리 두 나라는 그 누구보다도 서로 친밀하게 연결되어 있습니다. 한미동맹은 대한민국의 자유와 평화를 지키고 번영을 일구어 온 중심축이었습니다.

현대 세계사에서 '도움을 받는 나라에서 도움을 주는 나라'로 발돋움한 유일한 사례인 대한민국은 한미동맹의 성공 그 자체입니다.

저는 오늘 이 자리에서 1882년 수교에서 시작된 140년의 한미 양국의 교류와 협력, 그리고 동맹의 역사를 되새겨 보고자 합니다.

대한민국 헌법의 기초가 된 자유와 연대의 가치는 19세기 말 미국 선교사들의 노력에 의해 우리에게 널리 소개되었습니다.

그리고 그후 우리 국민의 독립과 건국 운동에 큰 영향을 미쳤습니다. 19세기 말 한국에 온 호러스 언더우드(Horace Underwood), 헨리 아펜젤러(Henry Appenzeller), 메리 스크랜튼(Mary Scranton), 로제타 홀(Rosetta Hall) 등 미국의 선교사들은 학교와 병원을 지었습니다.

특히 이들은 여성 교육에 힘썼고, 그 결과 한국 역사상 최초로 여성들이 교육, 언론, 의료 등 다양한 분야의 사회 활동에 진출하는 기반을 닦아 주었습니다.

1960년대 초반에 박정희 대통령은 현명하게도 케네디 행정부가 권고한 로스토우(Walt Rostow) 교수의 경제성장 모델을 받아들여 경제개발 계획을 추진하고 신흥 산업 국가의 기반을 마련했습니다.

'한강의 기적'으로 불릴 만큼 한국의 경제성장 속도는 타의 추종을 불허했습니다. 1인당 소득 67불의 전후 최빈국이었던 대한민국은 세계 10위권의 경제 대국으로 성장했습니다. 감사합니다.

전쟁으로 잿더미가 되었던 수도 서울은 70년이 지난 지금 세계에서 가장 활기찬 디지털 국제도시가 되었습니다. 전쟁 중 피난민이 넘쳤던 부산은 환적 물량 기준 세계 2위의 항만 도시가 되었고, 이제 2030년 세계박람회 유치를 위해 뛰고 있습니다.

대한민국은 이제 자유와 민주주의가 살아 숨 쉬는 활력 넘치는 나라로 세계시민의 사랑을 받고 있습니다. 한미 양국은 한반도를 넘어 전 세계의 자유와 민주주의 수호를 위해 힘을 모아왔습니다. 대한민국은 2차 대전 후 아프간, 이라크 등지에 '자유의 전사'를 파견하여 미국과 함께 싸웠습니다.

지난 70년간 동맹의 역사에서 한미 양국은 군사 안보 협력뿐 아니라 경제 협력도 지속적으로 확대해 왔습니다.

초기의 일방적인 지원에서 상호 호혜적인 협력관계로 발전해 온 것입니다. 2011년 미 의회의 전폭적인 지지로 통과된 한미 FTA가 가동된 이후 10년간 양국 교역액은 약 68% 증가했고, 우리 기업의 대미 투자는 3배, 미국 기업의 대한국 투자는 2배 가까이 늘었습니다.

배터리, 반도체, 자동차 등의 분야에서 미국에 진출한 글로벌 한국 기업들은 미국 내 양질의 일자리 창출과 경제 활성화에 기여하고 있습니다.

텍사스주 오스틴에 위치한 삼성전자 반도체 공장은 2020년 기준 약 1만 개의 일자리를 창출했으며, 2024년 하반기부터 가동될 조지아주 브라이언 카운티 현대차 공장도 연간 30만 대의 전기차와 수많은 일자리를 만들어 낼 것입니다.

지난해 11월 바이든 대통령께서 방문한 미시간주 베이시티 SK실트론 CSS는 한국 기업이 미국 회사를 인수해 성장시키는 또 다른 모범 협력 사례입니다.

이러한 호혜적 한미 경제 협력이 곳곳에서 이어질 수 있도록 의원 여러분들의 각별한 관심과 지원을 부탁드립니다.

친구 여러분, 정치와 경제 분야의 협력을 통해 축적된 양국의 활발한 문화 인적 교류는 두 나라의 우정을 보다 두텁게 했습니다.

올해는 미주 한인 이주 120주년이기도 합니다. 하와이주 사탕수수 농장의 노동자로 진출하기 시작한 한인들은 그동안 미국 사회 각계에 진출해 한미 우호 협력을 증진하고 동맹의 역사를 만들어 가는데 큰 역할을 했습니다.

바로 이 자리에 계신 영 킴 의원님, 앤디 킴 의원님, 미셸 스틸 의원님, 그리고 메릴린 스트릭랜드 의원님 같은 분들이 세대를 이어 온 한미동맹의 증인들이십니다.

민주당, 공화당 각 두 분씩 어느 한쪽으로 치우치지 않아 다행입니다. 문화 콘텐츠는 양국 국민이 국적과 언어의 차이를 넘어 더욱 깊은 이해와 우정을 쌓는 촉매제가 되고 있습니다.

한국 영화 〈기생충〉과 〈미나리〉가 아카데미 수상을 하고, 〈탑건〉, 〈어벤져스〉와 같은 수많은 할리우드 영화가 이미 오래전부터 한국에서 엄청난 사랑을 받아 왔습니다. 저도 〈탑건〉과 〈매버릭〉을 굉장히 좋아하고, 〈미션 임파서블〉을 굉장히 좋아합니다.

그리고 제 이름은 모르셨어도 BTS와 블랙핑크는 알고 계셨을 겁니다. 백악관에는 저보다 BTS가 먼저 갔지만, 여기 미 의회에는 다행스럽게도 제가 먼저 왔습니다. 이제 한미 양국의 음악 차트에서 상대방 국가의 가수 노래가 순위에 오르는 모습이 자연스러운 일이 되었습니다. 미국이 넷플릭스와 같은 글로벌 플랫폼을 만들고, 한국이 〈오징어 게임〉과 같은 킬러 콘텐츠를 생산해 공급하는 새로운 양상의 시너지 효과도

나타나고 있습니다.

　문화교류의 활성화로 양국 국민의 관계도 더욱 가까워졌습니다. 지난해 시카고 국제문제 연구소 여론조사에 따르면 미국인의 한국에 대한 호감도가 1978년 이후 가장 높은 것으로 조사되었습니다.

　또한, 미 여론조사기관 퓨리서치센터에 따르면 지난해 미국에 대한 한국인의 호감도는 89%에 달했으며, 그 증가 폭은 조사 대상국 중 가장 크다고 합니다. 이제 한미 양국 청년들이 더욱 활기차게 오가며 공부하고 교육받으며, 직장을 찾을 수 있도록 한미 정부가 함께 체계적인 지원프로그램을 마련하기로 하였습니다.

　의원 여러분, 제 평생의 직업은 두 가지였습니다.

　첫 번째 직업은 대한민국 검사이고, 두 번째 직업은 사랑하는 나의 조국 대한민국의 대통령입니다.

　검사 시절, 저의 롤 모델은 드라마 'Law & Order'에 나오는 애덤 쉬프 검사의 실제 모델인 로버트 모겐소(Robert Morgenthau)였습니다.

　저는 검찰총장 재직 시 『미국의 영원한 검사 로버

트 모겐소』라는 책을 출간해서 후배 검사들에게 나누어 준 적도 있습니다. 발간사에도 모겐소의 명언인 "거악에 침묵하는 검사는 동네 소매치기도 막지 못할 것"이란 문구를 적었습니다.

지금 우리의 민주주의는 위기에 직면해 있습니다.

민주주의는 자유와 인권을 보장하기 위한 공동체의 정치적 의사결정 시스템입니다. 이러한 의사결정은 진실과 자유로운 여론 형성에 기반해야 합니다.

세계 도처에서 허위 선동과 거짓 정보가 진실과 여론을 왜곡하여 민주주의를 위협하고 있습니다. 법의 지배는 공동체 구성원들의 자유가 공존하는 방식이며, 의회 민주주의에 의해 뒷받침됩니다.

허위 선동과 거짓 정보로 대표되는 반지성주의는 민주주의를 위협할 뿐 아니라 법의 지배마저 흔들고 있습니다. 이들 전체주의 세력은 자유와 민주주의를 위협하고 부정하면서도 마치 자신들이 민주주의 운동가, 인권 운동가인 양 정체를 숨기고 위장하는 경우가 대부분입니다.

우리는 이런 은폐와 위장에 속아서는 안 됩니다.

피와 땀으로 지켜온 소중한 민주주의와 법의 지배 시스템이 거짓 위장 세력에 의해 무너지지 않도록 우리 모두 힘을 합쳐 용감하게 싸워야 합니다.

자유를 소중히 여기는 사람은 다른 사람의 자유도 소중하게 생각합니다. 따라서 자유는 평화를 만들고 평화는 자유를 지켜줍니다. 그리고 자유와 평화는 창의와 혁신의 원천이고, 번영과 풍요를 만들어냅니다.

70여 년 전 대한민국의 자유를 위해 맺어진 한미동맹은 이제 세계의 자유와 평화를 지키는 글로벌 동맹으로 발전했습니다. 대한민국은 국제사회에서 대한민국의 신장된 경제적 역량에 걸맞은 책임과 기여를 다할 것입니다.

케네디 대통령은 1961년 취임식에서 "세계시민 여러분, 우리가 여러분을 위해 무엇을 해줄 것인가를 묻지 마십시오. 인류의 자유를 위해 우리가 힘을 모아 무엇을 할 수 있을지를 물으십시오."라고 말했습니다.

이제 인류의 자유를 위해 대한민국이 국제사회와 힘

을 모아 해야 할 일을 반드시 할 것입니다.

대한민국은 미국과 함께 미래로 나아갈 것입니다.

저는 지난해 취임하면서 대한민국을 자유민주주의와 시장경제를 기반으로 국민이 주인인 나라로 만들고 국제사회의 당당한 일원으로서 역할과 책임을 다하는 존경받는 나라, 자랑스러운 조국으로 만들어 가겠다는 소명을 밝혔습니다.

대한민국은 미국과 함께 세계시민의 자유를 지키고 확장하는 '자유의 나침반' 역할을 해나갈 것입니다. 한미 양국의 자유를 향한 동행이 70년간 이어지는 동안에도 이와 정반대의 길을 고집하는 세력이 있습니다.

바로 북한입니다. 자유민주주의를 선택한 대한민국과 공산 전체주의를 선택한 북한은 지금 분명히 비교되고 있습니다. 북한은 자유와 번영을 버리고 평화를 외면해 왔습니다. 북한의 불법적 핵 개발과 미사일 도발은 한반도와 세계 평화에 대한 심각한 위협입니다. 북한의 무모한 행동을 확실하게 억제하기 위해서는 무엇보다도 한미의 단합된 의지가 중요합니다.

레이건 대통령이 말한 바와 같이, "우리가 용납할 수 없는 지점이 있으며, 절대로 넘어서는 안 될 선이 있다"는 것을 북한에게 분명히 알려줘야 합니다.

어제 열린 정상회담에서 저와 바이든 대통령은 한층 강화된 확장억제 조치에 합의했습니다. 날로 고도화되는 북핵 위협에 대응하기 위해 한미 공조와 더불어 한미일 3자 안보 협력도 더욱 가속화해야 합니다. 우리 정부는 도발에는 단호히 대응하되 비핵화를 위한 대화의 문을 열어둘 것입니다.

저는 지난해 북한이 핵 개발을 중단하고 실질적 비핵화 프로세스로 전환한다면 북한의 민생과 경제를 획기적으로 개선하겠다는 '담대한 구상'을 제안했습니다. 북한이 하루빨리 도발을 멈추고 올바른 길로 나오기를 다시 한번 촉구합니다.

한미 양국은 북한의 비핵화를 이끌어내기 위한 노력을 함께 기울여 나갈 것입니다. 북한 정권이 핵미사일 개발에 몰두하는 사이 북한 주민들은 최악의 경제난과 심각한 인권 유린 상황에 던져지고 있습니다.

우리는 북한 주민의 비참한 인권 실상을 전 세계에 알리는 동시에, 북한 주민에게 자유를 전달하는 의무를 게을리해서는 안 됩니다.

지난달 대한민국 정부는 북한 인권 보고서를 최초로 공개 발간했습니다. 보고서는 최근 5년간 북한 이탈주민 508명의 증언을 바탕으로 세계인권선언과 국제 인권조약 등 국제적 기준을 적용해 북한 인권 유린 사례를 두루 담고 있습니다. 코로나19 방역 지침을 어겼다는 이유로 무자비하게 총살당한 사례, 한국의 영화와 드라마를 시청하고 유포했다고 공개 처형한 사례, 성경을 소지하고 종교를 가졌다는 이유만으로 공개 총살을 당한 사례 등 이루 말할 수 없는 참혹한 일들이 발생하고 있습니다. 국제사회는 이러한 북한 인권의 참상을 널리 알려야 합니다.

여기에 계신 의원 여러분들도 북한 주민들의 열악한 인권이 개선될 수 있도록 함께 힘써주시길 바랍니다.

친구 여러분, 자유민주주의는 또다시 위협받고 있습니다.

우크라이나 전쟁은 국제규범을 어기고 무력을 사용해 일방적으로 현상을 변경하려는 시도입니다. 대한민국은 정당한 이유 없이 감행된 우크라이나에 대한 무력공격을 강력히 규탄합니다.

1950년 북한이 우리를 침공했을 때, 자유민주주의 국가들은 우리를 돕기 위해 달려왔습니다. 우리는 함께 싸워 자유를 지켰습니다. 그리고 그 결과는 역사가 말해주고 있습니다. 우리의 경험은 자유민주주의 국가들의 연대가 얼마나 중요한지 말해줍니다.

대한민국은 자유세계와 연대하여 우크라이나 국민의 자유를 수호하고 이들의 재건을 돕는 노력을 적극적으로 펴 나갈 것입니다.

의원 여러분, 이제까지 6명의 대한민국 대통령이 이 영예로운 자리에서 연설을 한 바 있습니다. 노태우 대통령은 1954년 대한민국 초대 대통령 이승만 박사가 이곳에서 연설을 한 지 35년 뒤인 1989년에 여기 연단에 서서 이런 말을 했습니다.

"태평양 연안 국가들은 개방사회와 시장 경제를 통

하여 이 지역이 세계에서 가장 빠른 성장을 이루도록 만들었습니다. 미국에게 태평양은 더욱 중요하게 될 것입니다. 한국은 이 지역의 평화와 번영에 더욱 기여하는 나라가 될 것입니다. 언젠가 한국의 대통령이 다시 이 자리에 서서 오늘 내가 한 이야기가 내일의 꿈이 아니라 현실이 되고 있다고 말할 날이 올 것입니다."

노태우 대통령의 꿈은 이미 현실이 되었습니다. 우리는 지금 인도-태평양 시대에 살고 있습니다. 세계 인구의 65%, 전 세계 GDP의 62%, 전 세계 해상 운송 물량의 절반이 이 지역에서 이루어지고 있습니다.

대한민국은 지난해 처음으로 포괄적 지역 전략인 '인도-태평양 전략'을 발표하였습니다. 대한민국은 포용, 신뢰, 호혜의 원칙에 따라 '자유롭고 평화로우며 번영하는 인도-태평양 지역'을 만들어 나갈 것입니다. 인태 지역 내 규범 기반의 질서를 강화하기 위해 주요 파트너들과의 협력을 포괄적이고 중층적으로 확대해 나갈 것입니다. 그만큼 한미동맹이 작동하는 무대 또한 확장되는 것입니다.

미국 국제개발처(USAID)의 지원을 받던 한국은 이제 미국과 함께 개발 도상국들에게 개발 경험을 전수해 주고 있습니다. 한국은 공적개발원조 규모를 대폭 확대하고, 수혜국의 수요와 특성에 맞는 맞춤형 개발 협력 프로그램을 제공하고 있습니다.

어제 열린 한미정상회담에서 저와 바이든 대통령은 '미래로 전진하는 행동하는 동맹'의 비전을 담은 공동성명을 채택했습니다. 양국은 외교 안보를 넘어 인공지능, 퀀텀, 바이오, 오픈랜 등 첨단 분야의 혁신을 함께 이끌어 나갈 것입니다.

아울러, 양국의 최첨단 반도체 협력 강화는 안정적이고 회복력 있는 공급망 구축과 경제적 불확실성 해소에 기여할 것입니다. 양국은 동맹의 성공적 협력의 역사를 새로운 신세계인 우주와 사이버 공간으로 확장시켜 나가야 합니다. 세계에서 가장 혁신적이고 창의적인 두 기술 강국의 협력은 커다란 시너지 효과를 창출할 수 있을 것입니다.

존경하는 하원의장님, 부통령님, 상하원 의원 여러

분, 한미동맹은 자유, 인권, 민주주의라는 보편적 가치로 맺어진 가치 동맹입니다.

　우리의 동맹은 정의롭습니다.

　우리의 동맹은 평화의 동맹입니다.

　우리의 동맹은 번영의 동맹입니다.

　우리의 동맹은 미래를 향해 계속 전진할 것입니다.

　우리가 함께 만들어나갈 세계는 미래 세대들에게 무한한 기회를 안겨줄 것입니다.

　여러분께서도 새로운 여정에 함께 해 주시길 당부합니다. 여러분과 미국의 앞날에 축복이, 그리고 우리의 위대한 동맹에 축복이 있기를 기원합니다.

　감사합니다.

전군 주요지휘관 회의 (2022년 7월 6일)

여러분, 반갑습니다. 지금 이 순간에도 전후방 각지와 또 해외에서 맡은 바 임무에 전념하고 있는 각급 부대 지휘관을 비롯한 전 장병, 군무원 여러분들의 노고와 헌신에 감사드립니다. 지금 대한민국의 안보 상황은 엄중합니다. 북한의 핵과 미사일 위협은 갈수록 커지고 있고, 동북아 안보 상황의 불완전성 역시 심화하고 있습니다. 안보의 불확실성이 그 어느 때보다도 높아지고 있는 만큼 나라의 안보와 국익을 지키기 위한 강력한 국방력이 뒷받침되어야 합니다. 북한의 어떠한 도발에도 확실하게 억제하고 대응할 수 있는 강력한 군사력을 구축하고, 확고한 대비태세를 유지해야 합니다. 제2의 창군 수준으로 국방태세 전반을 재설계하면서 국방혁신 4.0으로 과학기술 강군으로 도약해야 합니다. 아무리 첨단 과학기술 강군이 되더라도 확고한 대적관과 엄정한 군기가 무너진다면 아무런 소용이 없습니다. 클라우제비츠는 물리적 전투력을 목검으로, 군대의 정신력을 진검으로 비유한 바 있습니다.

엄정한 군기를 통해 국민이 신뢰하는 강군의 면모를 보여줘야 합니다. 아울러 나라를 위해 헌신하고 있는 장병들이 만족할 수 있는 병영환경을 마련하는 데 각별한 관심을 기울여 주시기 바랍니다.

국군통수권자로서 우리 군이 싸워 이길 수 있는 국방태세를 확립하고, 국방혁신을 이룰 수 있도록 적극적으로 지원하겠습니다. 국방 예산을 확충하고 법령과 제도를 정비할 것입니다. 그리고 우리 사회가 제복 입은 용사들을 존중하는 풍토가 조성되도록 할 것입니다. 저는 항상 군을 신뢰하고 군 지휘체계의 확립이야말로 군대다운 군대의 기본이라고 생각합니다. 작전 현장 지휘관의 지휘권을 충분히 보장하겠습니다. 우리 정부는 군 지휘체계에 대한 불필요한 간섭을 하지 않을 것입니다. 지휘관이 안보 현장에서 오직 본연의 임무에 충실하도록 지휘권을 온전히 보장할 것입니다.

현장에서 오직 적만 응시하고 본연의 임무에 따라 교본에 따라서 소신 있게 임해 주기를 바랍니다. 여러분들도 우리 국민들께서 군을 믿고 안심하고 생업에 종사할 수 있도록 최선을 다해 주시기 바랍니다.

제28회 국무회의 (2022년 6월 21일)

 지난주 새 정부의 경제정책방향을 논의하는 자리에서도 강조했습니다만 위기일수록 민간 주도로, 시장 주도로 경제체질을 확실하게 바꾸고, 정부는 기업에 걸림돌이 되는 제도와 규제를 과감하게 개선해 나가야 합니다. 우리 경제 성장을 발목 잡고 있는 이권 카르텔, 부당한 지대 추구의 폐습을 단호하게 없애는 것이 바로 규제 혁신이고 우리 경제를 키우는 것입니다. 기존 틀에 얽매이지 말고 현장에서 정말 필요로 하는 과감한 대책을 강구해 주시길 당부드립니다.

 오늘 국무회의에는 경제 위기 극복을 위한 안건들이 상정되어 있습니다. 글로벌 공급망 이슈로 어려움에 처한 부품 업체를 돕고 소비자들의 부담을 낮추기 위해 자동차 개별소비세율 인하 기간을 연장하는 안건이 상정이 됩니다. 서민물가 안정을 위해 돼지고기, 밀, 밀가루, 대두유 등 13개 품목의 할당관세를 인하하는 안건도 상정됩니다. 각 부처는 민생을 안정시키고 경제가 활력을 찾을 수 있는 정책을 신속하게 수립해 주시길 부탁드립니다. 실제 정책이 현장에서 잘 녹아들 수 있도록 끝까지 책임을 다해 주시길 바랍니다. 필요하면 정기 국무회의뿐만 아니라 수시로 임시 국무회의를 열어 빠르게 안건을 처리하도록 하겠습니다.

지난번 국무회의에서는 우리 산업의 핵심인 반도체에 대해 논의했습니다. 오늘은 국무위원 여러분과 함께 공공기관 혁신에 대해 토론하고자 합니다.

공공기관 혁신은 더 이상 미룰 수 없는 과제입니다. 공공기관 부채는 지난 5년간 급증했고, 작년 말 기준으로 583조 원에 이르고 있습니다. 부채가 급증하고 있음에도 불구하고 지난 5년간 공공기관의 조직과 인력은 크게 늘었습니다. 공공기관 평가를 엄격히 하고, 방만하게 운영되어 온 부문은 과감하게 개선해야 합니다. 공공기관이 작지만 일 잘하는 기관으로 거듭나고, 국민의 신뢰를 받도록 해야 합니다.

350개에 이르는 공공기관 혁신은 전 부처가 함께 추진해야 할 과제이고, 국가 전체를 보고 가야만 하는 것입니다. 정부도 예외일 수 없습니다. 강도 높은 지출 구조 조정이 필요합니다. 재정은 꼭 필요한 곳에 쓰여야 하고, 재원은 정부 지원이 절실히 필요한 진정한 사회적 약자를 위해 따뜻하게, 두툼하게 지출되어야 할 것입니다.

다시 한번 당부드립니다. 우리 경제가 매우 어렵습니다 전 부처 공무원과 공공기관 임직원 모두가 위기의식을 갖고 경제 살리기에 임할 수 있도록 독려해 주시길 당부드립니다.

모든 정책의 목표가 첫째도 민생, 둘째도 민생, 셋째도 민생이라는 점을 잊지 마시길 바랍니다.

감사합니다.

3

명연설 일부 발췌 모음집

신한울 1·2호기 종합준공 및 신한울 3·4호기 착공식 축사 중 일부 (2024년 10월 30일)

현재 고리 2호기, 3호기가 멈춰서 있고, 내후년까지는 총 5개의 원전이 멈추게 됩니다. 최초로 허가된 설계 수명이 지나면 폐기한다는 탈원전 정책 탓에 계속운전 심사를 받을 수 없기 때문입니다. 이로 인한 손실액은 가히 천문학적입니다. 이것은 고스란히 국민과 산업계의 부담으로 돌아가게 됩니다.

미국은 원전을 80년간 운영할 수 있고, 영국과 프랑스는 안전만 보장되면 기간 제한 없이 운영하고 있습니다. 하지만 우리는 설계 수명 30년, 40년이 넘으면 아무리 안전해도 계속운전을 할 수 없습니다. 해외 선진 사례를 참고하여 안전이 확인된 원전은 계속 가동할 수 있도록 제도를 고쳐야 합니다. 그것이 우리 경제와 산업이 사는 길입니다.

제 1회 북한이탈주민의 날 기념식 연설 중 일부 (2024년 7월 14일)

북한이탈주민과 북한 동포 여러분,

대한민국 정부는 고통받는 북한 동포들을 결코 외면하지 않겠습니다.

지금 이 순간에도 북한 정권은 주민들을 폭정과 굶주림의 굴레에 가두어 놓고 있습니다.

하지만, 아무리 억압해도 자유에 대한 희망, 자유를 향한 발걸음을 막을 수는 없습니다. 이미 자유 대한민국을 찾아온 3만 4천 명의 북한이탈주민이 바로 그 증거입니다.

우리 정부는, 자유를 향한 여러분의 발걸음이 헛되지 않도록 하겠습니다.

대한민국을 찾는 북한 동포를 어떠한 일이 있더라도 단 한 분도 돌려보내지 않을 것입니다.

또한, 북한을 탈출해 해외에 계신 동포들이 강제로 북송되지 않도록, 모든 외교적 노력을 다하겠습니다.

북한 주민들은 대한민국 헌법상 대한민국 국민입니다. 국민을 보호하는 것은 국가의 가장 기본적인 책무입니다.

여러분과 대한민국이 하나가 되고 '사람과 사람의 통일'이 이루어질 때 '진정한 자유 통일'이 시작될 것입니다.

대한민국 국민인 탈북민 여러분이 얼마나 행복하게 살고 있는가가 대한민국이 어떤 나라인지를 말해주는 것입니다.

오늘 첫 번째 북한이탈주민의 날이 우리 모두의 '자유의 날', '통일의 날'을 앞당길 것이라고 믿습니다. 통일 대한민국을 향한 발걸음을 멈추지 말고 우리 모두 힘차게 나아갑시다!

감사합니다.

제79주년 경찰의 날 기념식 축사

(2024년 10월 21일)

　국민을 안전하게 지키기 위해서는, 우리 경찰이 더 빠르게 발전하고 더 능동적으로 변화하면서 더욱 과학화되어야 합니다. 기존의 치안 활동 방식만 고수해서는, 국민의 생명과 안전을 이러한 새로운 위협으로부터 지켜내기 어려울 것입니다.

　국민이 경찰을 믿고 의지할 수 있도록, 사회적 변화와 새로운 시대 상황에 맞춰 치안 역량을 키우고 개발시켜야 합니다. 무엇보다, 서민에게 고통을 주는 민생 범죄를 끝까지 추적해서, 엄중하게 처벌해야 합니다.

　범죄수익과 자금원을 빠짐없이 환수하여, 범죄 생태계 연결 고리를 근원적으로 끊어내주기 바랍니다.

　스토킹, 가정폭력, 아동학대 등 약자를 대상으로 하는 범죄는 사건 초기부터 강력하게 법을 집행해서 가해자의 범행 의지를 꺾어내야 합니다.

　꼼꼼한 모니터링으로 재범 가능성을 원천 차단하고,

보호시설 연계부터 심리치료 지원까지 피해자를 보호하는 안전망을 촘촘하게 구축해 주기 바랍니다.

첨단 기술의 발전 속도에 맞춰, 우리 경찰의 첨단 수사 역량도 획기적으로 높여주기 바랍니다.

딥페이크 등 허위 조작 콘텐츠에 대한 식별 시스템 개발에 박차를 가하고, 관계 기관과의 협업을 통해 디지털 성범죄를 뿌리 뽑아야 합니다.

우리 사회를 흔드는 가짜 뉴스에도 신속하고 강력히 대응해 주기 바랍니다.

정부는 첨단 기술 개발을 적극 지원하고 법과 제도를 차질 없이 정비해서, 여러분의 업무를 든든하게 뒷받침하겠습니다. 범죄에 대한 사후 처벌도 중요하지만, 사전에 범죄를 예방하는 것이 더 중요합니다. 범죄가 일어난 후에는 국민의 생명과 신체에 대한 피해를 돌이키기 어렵습니다.

신설된 기동순찰대와 형사기동대를 중심으로 불안 요인을 면밀히 감지하여, 국민의 안전이 위협받는 급박한 순간에 신속하게 대처해주십시오.

제67회 현충일 추념식 (2022년 6월 6일)

지금 우리 곁에는 국가 안보와 국민 안전의 최일선에서 자신을 희생하신 분들이 계십니다.

지난 1월 민가 쪽으로 전투기가 추락하는 것을 막고자 끝까지 조종간을 놓지 않고 순직한 공군 제10전투비행단 故 심정민 소령, 평택 물류센터 화재 현장에서 인명구조 임무를 수행하다 순직한 송탄소방서 119구조대 故 이형석 소방경, 故 박수동 소방장, 故 조우찬 소방교, 대만 해역에서 실종 선박을 수색하고 복귀하다 추락사고로 순직한 남해지방해양경찰청 항공단 故 정두환 경감, 故 황현준 경사, 故 차주일 경사는 국가의 안보와 국민의 안전을 지키는 것이 자신들의 꿈이었던 영웅들이었습니다.

국민을 대표해 모든 유가족 여러분께 심심한 위로의 말씀을 드립니다. 자유와 번영을 이룩한 나라의 국민은 조국을 위해 희생하고 헌신한 이들을 정성껏 예우해 왔습니다.

제복 입은 영웅들이 존경받는 나라를 만들어야 합니다. 이들이 있기에 우리 국민이 안전하고 편안하게 꿈과 행복을 추구할 수 있습니다.

존경하는 국민 여러분, 이제 후손들에게 더욱 자유롭고 평화로운 대한민국을 가꾸고 물려줄 사명이 우리에게 있습니다.

자유와 민주주의, 인권의 가치를 추구하는 위대한 대한민국은 조국을 위해 헌신한 이들의 희생을 가치 있게 만들 것입니다. 영웅들의 용기를 국가의 이름으로 영원히 기억하겠습니다.

유가족 여러분의 가슴에도 자부심과 긍지를 꽃피울 수 있도록 대한민국 정부와 국민이 함께 할 것입니다.

감사합니다.

2022 대한민국 고졸 인재 채용 엑스포 개막식 (2022년 6월 2일)

오늘 이 자리에는 많은 기업인께서 자리하고 계십니다. 코로나19의 장기화와 어렵고 불확실한 경제여건 속에서도 인재 채용에 관심을 갖고 함께해 주셔서 감사드립니다.

미래 인재에 투자한다는 신념으로 청년 인재들의 인큐베이터가 되어주시길 당부드립니다. 기업에서 일하면서 배우는 직무교육의 강화는 기업 성장에도 크게 도움이 될 것입니다.

정부도 기술 변화에 대응하여 우리 학생들이 성장할 수 있도록 충분한 교육과 직업훈련의 기회를 제공하겠습니다. 아울러 민간에서 더 많은 일자리를 창출할 수 있도록 정부도 힘을 모으겠습니다.

능력과 실력으로 평가받고 일할 수 있는 공정한 일터를 만들어나가고, 이에 필요한 제도 혁신도 병행하겠습니다.

제20대 대통령 취임식 (2022년 5월 10일)

존경하는 국민 여러분, 세계 시민 여러분!

저는 이 어려움을 해결해 나가기 위해 우리가 보편적 가치를 공유하는 것이 매우 중요하다고 생각합니다. 그것은 바로 '자유'입니다.

우리는 자유의 가치를 제대로, 그리고 정확하게 인식해야 합니다. 자유의 가치를 재발견해야 합니다.

인류 역사를 돌이켜보면 자유로운 정치적 권리, 자유로운 시장이 숨 쉬고 있던 곳에는 언제나 번영과 풍요가 꽃 피었습니다. 번영과 풍요, 세계적 성장은 바로 자유의 확대입니다. 자유는 보편적 가치입니다.

우리 사회 모든 구성원이 자유 시민이 되어야 하는 것입니다. 어떤 개인의 자유가 침해되는 것이 방치된다면 나의 우리 공동체 구성의 자유가 위협받게 되는 것입니다.

자유는 결코 승자 독식이 아닙니다. 자유 시민이 되기 위해서는 일정한 수준의 경제적 기초, 그리고 공정한 교육과 문화의 접근 기회가 보장되어야 합니다. 이런 것 없이 자유 시민이라고 할 수 없습니다.

어떤 사람의 자유가 유린되거나 자유 시민이 되는데 필요한 조건을 충족하지 못한다면 모든 자유 시민은 연대해 도와야 합니다.

그리고 개별 국가뿐 아니라 국제적으로도 기아와 빈곤, 공권력과 군사력에 의한 불법 행위로 개인의 자유가 침해되고 자유 시민으로서의 존엄한 삶이 유지되지 않는다면 모든 세계 시민이 자유 시민으로서 연대하여 도와야 하는 것입니다. 모두가 자유 시민이 되기 위해서는 공정한 규칙을 지켜야 하고, 연대와 박애의 정신을 가져야 합니다.

2022 국가재정전략회의 (2022년 7월 7일)

새 정부의 첫 번째 국가재정전략회의로 향후 5년간 우리나라 재정 운용의 밑그림을 그리는 매우 중요한 자리입니다. 위기 때마다 우리나라 재정은 경제의 방파제 역할을 해왔습니다. 그러나 그 탄탄했던 재정이 이제는 국가신인도의 잠재적 위험요인으로 지적받을 상황이 됐습니다.

지난 5년간 재정 상황이 크게 악화됐습니다. 2017년 600조 원이었던 국가채무가 400조 원이 증가해서 금년 말이면 1,000조 원을 훌쩍 넘어설 것으로 전망됩니다. 증가 규모와 속도 모두 역대 최고 수준입니다.

이러한 재정 여건 속에서 우리 경제는 또다시 고물가, 고금리, 저성장의 복합 위기를 맞고 있습니다. 당면한 민생현안과 재정위기 극복을 위해 정부부터 솔선해 허리띠를 졸라매야 합니다. 공공부문의 자산을 전수조사해서 기관 고유의 기능과 연관성이 낮은 자산부터 적정 수준으로 매각 처분해야 합니다. 공무원의 정원과 보수도 엄격한 기준으로 운용되어야 할 것입니다. 예산만 투입하면 저절로 경제가 성장하고 민생이 나아질 것이라는 재정 만능주의라는 환상에서 이제 벗어나야 합니다. 재정이 민간과 시장의 영역을 침범하고 성장을 제약하지 않았는지, 이른바 구축효과가 작동하지 않았는지도 면밀하게 살펴볼 때가 됐습니다.

정부는 성역 없는 고강도 지출 구조조정으로 국민의 혈세가 허투루 사용되지 않도록 해야 합니다. 절약한 재원은 꼭 필요한 데 써야 합니다. 제가 늘 강조해 왔듯이 경제가 어려울수록 사회적 약자는 더 어려워집니다. 정치적으로 세력화하지 못하는 그런 약자들이 많습니다. 진정한 사회적 약자, 최약 계층이 어려운 경제 위기를 잘 극복할 수 있도록 공공부문을 긴축해 조성된 자금으로 이분들을 더 두텁게 지원해야 합니다. 그러면서 초격차 전략기술 육성, 미래산업 핵심 인재 양성과 같이 국가의 미래 먹거리와 성장 동력을 발굴하는 사업에 과감하게 돈을 써야 합니다. 그리고 병사 봉급 인상 등 국민께 약속한 국정 과제는 절약한 재원으로 차질 없이 이행해야 합니다.

서울 청계광장 출정식 중 (2022년 2월 15일)

존경하는 국민 여러분,
대통령의 권력은 유한하고, 책임은 무한합니다.
이 명백한 사실을 1분 1초도 잊지 않겠습니다.

대통령 후보 시절

[부록] : 윤석열 대통령 연설문집 (22-23) 전자책 무료 제공 안내

전자책 바로가기

QR 코드로 확인이 안 된다면,
리디북스 홈페이지에서 '윤석열 대통령 연설문집' 검색.